兰江流域传统村落水口文化景观

王俊磊 著

中国建筑工业出版社

图书在版编目（CIP）数据

兰江流域传统村落水口文化景观 / 王俊磊著. —北京：中国建筑工业出版社，2023.9
ISBN 978-7-112-29068-0

Ⅰ.①兰… Ⅱ.①王… Ⅲ.①村落文化—人文景观—研究—浙江 Ⅳ.①K295.5

中国国家版本馆CIP数据核字（2023）第160334号

责任编辑：费海玲　张幼平
责任校对：李美娜

浙江省社科规划课题成果（课题编号：19NDQN356YB）

兰江流域传统村落水口文化景观
王俊磊　著
*
中国建筑工业出版社出版、发行（北京海淀三里河路9号）
各地新华书店、建筑书店经销
北京雅盈中佳图文设计公司制版
北京中科印刷有限公司印刷
*
开本：787毫米×960毫米　1/16　印张：$15\frac{3}{4}$　字数：225千字
2024年8月第一版　2024年8月第一次印刷
定价：**58.00**元
ISBN 978-7-112-29068-0
（41202）

版权所有　翻印必究
如有内容及印装质量问题，请与本社读者服务中心联系
电话：（010）58337283　QQ：2885381756
（地址：北京海淀三里河路9号中国建筑工业出版社604室　邮政编码：100037）

序

"水口"作为中国特别是浙江乡土建筑文化场所的典型代表,常常是一村景观的精华所在,也是村落形态中传统观念和文化气息最集中的地方。作为传统乡村重要的公共活动场所与精神中心,水口,不仅是进入村落前的第一道景致,更是作为一种重要标识而影响着整个村居环境、村落格局,因而具有极为重要的意义。

长期以来,和传统村落水口相关的研究,大多只是停留在风水角度和社会观念层面的文化讨论。在建筑学领域,与水口相关的研究主要集中在建筑史、乡土建筑和乡土景观保护等方面,且大都只是将其作为一个知识点,侧重于对水口现象的描述,关于水口具体营造技艺的讨论很少。这对无论在理景手法和理念方面都具有极高造诣的"水口"来说,是远远不够的。

笔者以浙中地区兰江流域传统村落中的水口为研究对象,通过实地走访和观测,结合文献比照、村民访谈,记录了流域内的水口历史信息和发展现状,并从水口营造技艺的角度出发,对一些极具地方特征和理景造诣较高的水口环境予以分析,梳理了兰江流域传统村落水口环境营造的艺术手法及其观念,尤其是在处理建筑与环境关系方面,进而从设计实践的角度理解、分析此类环境的生成过程。

笔者认为,水口作为一村景观的核心,不仅在村落景观的塑造中扮演了十分重要的角色,还是构成村落之间景观联系的基本单元和节点,并以此为基础扩展至整个村郊。它们共同构成了一种连续的、多层次的、复合的景观结构体系（尤其表现为对区域地景的塑造），是构成区域景观系统的重要元素。在兰江流域，那些遍及整个乡村的景观结构体系，正是得益于水口在区域景观结构中的重要性和基础地位，而传统村落中以"水口"为代表的文化景观正是其核心价值的集中体现。

兰溪市　大坞陈村　水口宝殿

前陈村　水口殿

上金村　土地庙

下田村　龙王殿

西坞村　徐公庙

岘坦村　兰源殿

钱宅村　水口殿

刘家村　新塘

外罗村　席氏宗祠和青龙庙

潘村　望云山与望云亭

武义县　俞源村入口空间序列

目 录

第一章 绪 论 ··· 001
  1.1 水口问题的界定 ··· 005
  1.2 兰江流域 ·· 006
  1.3 水口研究 ·· 009
  1.4 古代相关文献的简要梳理 ································· 011
  1.5 研究方法 ·· 012

第二章 兰江流域传统村落中的水口普查 ············ 013
  2.1 水口景观要素的识别 ······································ 013
    2.1.1 村口 ·· 014
    2.1.2 古道 ·· 021
    2.1.3 舆图 ·· 024
    2.1.4 水口景观元素统计 ································· 027
  2.2 水口概念的界定 ·· 032
    2.2.1 众水合流而出之处 ································· 032
    2.2.2 关津之要 ·· 034
    2.2.3 门户 ·· 038
  2.3 水口的特征 ·· 041
    2.3.1 自然性 ··· 041
    2.3.2 时间性 ··· 042

           2.3.3 公用性 ·· 044
           2.3.4 文化性 ·· 045
     2.4 水口规模 ·· 046
           2.4.1 单层水口 ··· 046
           2.4.2 多层水口 ··· 047
     2.5 水口现状 ·· 050
           2.5.1 局部元素的破坏 ·· 052
           2.5.2 整体格局的破坏 ·· 054

第三章 水口营建机制的影响因素 ··· **056**
     3.1 传统观念的影响 ·· 056
           3.1.1 村落选址 ··· 057
           3.1.2 以水为财 ··· 058
           3.1.3 地美则人昌 ·· 059
     3.2 古代社会的伦理道德影响 ·· 061
           3.2.1 文运 ·· 061
           3.2.2 善举 ·· 063
           3.2.3 婺学 ·· 064

第四章 水口环境 ·· **066**
     4.1 水口环境 ·· 066
           4.1.1 建成环境 ··· 067
           4.1.2 意象环境 ··· 068
     4.2 水口环境的构成 ·· 069
           4.2.1 自然元素 ··· 069
           4.2.2 人工元素 ··· 072

第五章　水口建成环境的营造 077
5.1 水口建成环境的营造 077
　　5.1.1　百尺为形 千尺为势 077
　　5.1.2　半月塘与村落理景 091
5.2 理想图式 114
　　5.2.1　方位系统 115
　　5.2.2　观念性 116
5.3 文字系统 121
　　5.3.1　建筑题名 121
　　5.3.2　村居八景 127

第六章　水口实例 136
6.1 三石田村翠华庵 136
6.2 下田村龙王殿 141
6.3 西坞村徐公庙 146
6.4 童源里村经堂殿 151
6.5 石泉村宣灵庙 156
6.6 穆坞村碧莲庵 161
6.7 万田村灵应殿 168
6.8 五白源村五白庙 172
6.9 外罗村席氏宗祠和青龙庙 176
6.10 于街村水口殿和千八殿 188
6.11 镇头村乌龙王庙 199
6.12 下金刘村白山殿 206
6.13 双溪口村胡公青龙庙 211

附录一　兰江流域传统村落中的水口相关资料 ······ 216
    《东鲁唐氏族谱·绍芳堂记》 ······ 216
    《社峰吴氏族谱·附谕俗锁言》 ······ 218
    《社峰吴氏族谱·社峰志略小引》 ······ 218
    《社峰吴氏族谱·咸丰丁巳岁修谱附记》 ······ 219
    《坦源周氏宗谱·赠义士忠隐岘坦阳宅图》 ······ 220
    《龙岩黄氏宗谱·佑塘佳地记》 ······ 221
    《瀫溪吴氏宗谱·立禁例规》 ······ 221
    《杨塘东阪叶氏宗谱·叶氏规例具载于后》 ······ 222

附录二
    《东鲁唐氏族谱·下唐阳宅记略》 ······ 223
    《东鲁唐氏族谱·柏树园阳宅图》 ······ 224
    《兰江牛社陈氏宗谱·牛社阳宅图记并序》 ······ 224
    《兰溪葱园陈氏宗谱·豹峰井里中宅图说》 ······ 225
    《平阳五湖舒洪二宗家谱·午塘舒氏风土记》 ······ 225
    《平阳五湖舒洪二宗家谱·午塘阳宅图记》 ······ 226
    《平阳五湖舒洪二宗家谱·黄藤坂阳宅图记》 ······ 227
    《瀫溪吴氏宗谱·圣山村居记》 ······ 227

参考文献 ······ 228
后　记 ······ 232

第一章
绪　论

　　多次走访杭州、金华一带乡间村落的过程中，一种村口空间的存在方式引起了我的关注。自那年由俞源、郭洞两村归来，便被这种极具山野之气和地方特征的乡土景观所吸引，尤其那段在烟雨笼罩的山路间独行（俞源村口）的经历，始终让人有恍入桃源之想：先是层层浸染的山林、屈曲的流溪，再是浓荫遮天的老树、隐逸山麓的草堂，然后是豁然显现的村居场景。这种天然图画般有组织的进村方式，显然出于精心考虑和布局，而这类以山水经营和小尺度人工构筑物所组成的村口空间环境，在传统村落的营造中被称为"水口"。

　　但凡游历皖南、浙中一带的传统村落，就不难发现水口于此地的平常，它通常是一村景观的精华所在，极具地方特征。稍具规模的村子，无论大小，都会涉及水口的营造，或凿池修山、立祠建庙，或树碑立坊、植树架桥，它们总是和环境融合得很好，表现出一种朴素的规划意识。这里也常常是村民日常生活的重要场所，是一村的公共空间，在乡村公共事务的世代承接中发挥着重要作用，并逐渐成为村落结构中的重要组成。

　　笔者以水口为研究对象，不仅在于它是进入村落前的第一道景致，更在于水口作为一种重要标识对整个村落结构和环境格局的特殊影响和重要意义。水口的营造向来极为重要,一个村落往往从选址开始,便十分重视水口的寻找,因其位置的选定与村落的整体格局密切相关,村民们深信其好坏多少将关系到村落和宗族的兴衰。除此之外,一个村落的水口还常常是各类山水屋木的组合,多少能反映当地一定时期内的生产生活和建筑营造技艺等,并衍生出一些与此相关的民间信仰。所以,"水口"一词是关于景观、习俗、信仰、乡土营造和乡村社会多重含义的复合体。

然而,在很长一段时间内,这些颇具文化价值和极高美学成就的水口建筑和文化景观并没能引起人们的重视,更没有采取有效的措施予以保护,特别是面对当前中国乡村的快速发展,那些曾经遍及整个乡村的景观结构体系,甚至还没来得及被思考,就已消亡。当然,在一些较为偏远的乡村,还有许多被遗忘的、尚未被识别的水口。

在调研过程中,常发现过去盛极一时的水口,多成为历史。甚至一些村民连水口是什么也不清楚。至今,在兰江流域的兰溪黄店、女埠、永昌和建德寿昌、大洋等地,还散落着大量无人问津的路亭和乡间庙宇,它们往往和周围的村庄保持一定距离,看似孤立、无归属,实则正是村郊景观的重要元素,它们连同周围的山水共同构成了传统中国遍及整个江山的景观结构体系,而以传统村落中的水口为代表的乡土景观正是其核心价值的集中体现。

因此,这里对水口的讨论,不单指某个建筑或自然个体,而是一系列与之相关的山形水系和村落格局,包含对整个村居环境的思考,综合表现为以水口亭、文昌阁、文笔塔等人工元素与水口林、水口山等自然元素所组成的环境群体。以水口为代表的乡土景观场所,被理解为村落格局、山水体系、农田、路亭、建筑物及其附属环境,那些如画景致及其诗意美感的生成很大程度得益于其所在的环境。但从现状看,当下的保护大多只针对建筑个体,忽视了建筑环境的完整性及存在于其中的景观格局。

这类景观与环境间的关系是如此重要，以至于常产生一些千里之远的轴线和地景艺术。如今，这种传统的建筑选址与规划理论正逐渐被人们遗忘。例如，兰溪黄店镇刘家村水口新塘倒映后山的景象。事实上，只要控制位于新塘与后山轴线之间的建筑位置或尺度，就可以保留这类水塘倒映山体形成的景观。但这类景观的破坏现象在整个兰江流域比比皆是。

2014 年 4 月
新塘倒映后山的景象依稀可辨

2015 年 11 月
新塘倒映后山的景象已消失

刘家村水口新塘倒映后山的景象

水口以其独特的环境和地域特征，承载着当地的文化与历史，保护水口风貌，对传承和延续区域特色和景观特征而言刻不容缓。调查发现，区域内的许多村落都经历了民国时期的大规模扩建，很多水口建筑都是在这一历史时期完成的。例如，甘溪村甘溪桥（清末民初）、社峰村文武桥（民国十七年，1928）、前方村澄潭桥（民国十七年，1928）、清塘何村小殿山庙（民国十九年，1930）、太平桥村太平桥（民国二十一年，1932）、厚伦方村翠屏桥（民国三十七年，1948）等。尤其是浦江水口建成于光绪三十二年（1906）的中江第一桥，长131.6米，高9米，宽4.1米，如此大的尺度非但没有造成水口特性的丧失，反而成为此区域水口的典范。深入考察发现，一些水口并不会因大尺度建筑的出现而被破坏，而当下的乡村建设常常会出现此类问题。再比如，虽然新农村中的许多建筑依旧采用传统建筑的形式，但其排布已经没有了传统建筑的环境层次，甚至一座规模不大的民宅都会将水口景观破坏殆尽。这也为如何在当下乡村建设中继续保持水口的价值和特性提供了参考。显然，传统建筑的形象和尺度并不是造成水口沦陷的原因，如何建造才是问题的关键。所以，这项研究的一个主要任务便是通过对具体的建造方法的观察，梳理和总结出一些对当下乡村建设有用的方法。

此外，笔者通过大量实地考察还发现，水口的元素组成常常会发生替代。例如，兰江流域内的不少村落水口古樟都由于历史原因遭到损毁，这些地方会以新造的樟树娘娘庙来弥补和替代樟树。村民更为关注的不是水口建筑的形象，而是其作用和意义。以此为基础，水口中的各类元素，在观念上被赋予各种象征意义。一些远离村落的水口庙宇，甚至并非出于单纯的景观营造，而是"占地"的目的。

今天，我们也勘察场地，评估优缺，但更多强调"环境影响"而非"环境意义"。这也就不难理解，为何当下的乡村建设常常导致水口的沦陷。要从根本上改变这种现状，一方面是观念的转变，要建立起对水口意义系统的重视，而不只是一味强调空间形式的外在特征。另一方面是传统村落中的水口也面临保护与发展的难题。流域内当下乡村所谓的"巨变"，并非只是新的规划和建筑不尊重原有村庄格局，很大程度在于村民对本村历史结构的"无意识"。大多数的乡村水口，如果只是单纯进行保护，很难适应当下乡村的发展和村民日常的生活所需（事实上，只有个别的村落可以将两者结合，既做到对水口景观的保护，又适应当下的乡村发展）。更多的乡村水口，面临的是如何处理保护与发展的难题。

所以，笔者希望通过这样的基础研究，形成对现有乡土景观和传统村落的保护，也希望为这些景观资源在新乡村建设中继续发挥作用提供设想和参考依据。更重要的是，审视和发掘这些极具地方特征和美学成就的景观遗产的当代意义，寻找一种能有效指导此区域内乡村建设的模式，更能够形成一种尊重自然、立足本土的设计理念来指导今后的乡村发展和建设。

1.1 水口问题的界定

在当代社会大环境下，"水口"这个颇具综合意义的传统（古老）乡土景观名词，其含义是鲜活的。"水口"一词文化历史蕴含丰富，本书立足于建筑实践，以中国古代画论等为辅助，从"水口"在当下最具现实意义的几点展开：

水口在当下最基础的一个问题便是如何辨识，也就是水口概念的界定。

这个概念不是所有史料的叠加，而是在历史演进中不断生长，并且和当下息息相关。据调研所见，大量村落水口的破坏，并非保护意识的薄弱，而是非刻意的"建设性破坏"。主要是因为对水口的误读而造成对水口整体格局理解的缺失，如何尊重并阐释水口本身的格局和空间结构，还是一个尚未被重视的问题。水口是村落形态中传统观念和文化气息体现最为集中的地方，对村落环境及景观的改善尤其重要，其在村落内外空间的层次过渡及领域区分方面的处理取得了不凡的艺术效果。而目前涉及水口的研究较为分散，没有纳入建筑理论体系作为当代乡村实践的指导。本书将"水口"这种颇具传统特色和凝聚着中国人朴素自然观的空间智慧再次提出，力求让它为更多人知晓、重视，进而重新审视其价值和意义。这里希望采纳不同学科资料，并结合变迁的地理和人文环境，为水口的界定提供一个更为清晰的判断依据。

水口是一个空间场所，对其内容的探讨也就是对"水口环境"的讨论。

国内乡村建设中"水口环境"的观念还比较淡薄，相应的理论研究并没有及时跟上实践的发展，少有结合当下乡村切实案例的论述。本书以兰江流域传统村落中的水口研究为实案，试图总结水口与环境的内在关系，发掘地域性特征，尝试建立本土水口空间理论体系，用于指导当下乡村水口以及水口环境营造，为新农村建设提供有力依据。

水口是一个由各类人工建筑及其所处环境综合而成的、有一定结构的、整体的环境系统。这个整体和农村社会生活的系统性密切相关。正是这个整体，才赋予水口历史信息的丰富性、多样性和系统性。如果这个系统的整体性被破坏，水口的历史信息就零散了，就会失去一大部分历史的真实性，造成其意义的丧失。所以，对传统村落水口的研究，更为具体的是对"水口环境"的理解——不仅包含其中的各类建筑和自然元素，也包含它们的关系组合。忽视了"水口环境"也就失去了讨论"水口建筑"的前提——核心在于对"水口"整体空间格局的把握。

水口作为传统村落结构的一部分，本身也有其内在结构。

"平溪小涧，必见水口"，"山到交时而水口出"，"两山相交，乱石重叠，水从窄峡中环绕弯曲而泻"，"畔岸乱石排列者"等，这些说法既提示了水口出现的环境，也提示了这种环境的空间特征，它们遵循着某种固定模式，以群体组合的方式呈现。

此外，水口作为一个地理和人文意义上的概念，既是村落领域的限定要素，也有着自我的边界，并带有明显的观念意义，在很大程度上左右着建筑的位置、朝向，并对区域地景的塑造具有重要作用。特别在一些村子，水口的边界已超出传统意义上的村落范围，而这也正蕴含着更深层次的环境意义。

1.2　兰江流域

兰江也称兰溪，因其水波类罗澈纹，古时又有澈水澈溪的称谓，是钱塘江干流从金华兰溪至杭州建德之间一段的名称，有钱塘江南源之称。兰江起始于兰溪市西南兰阴山下的婺江、衢江交汇处，自南向北，流经女埠、焦石，至将军岩入建德境，下游经三河、大洋，出金衢盆地，在建德梅城与新安江交汇后，称富春江，也是钱塘江的重要支流。

第一章 绪 论

以兰江流域传统村落中的水口为研究对象，是基于这一带独特的地理特征和文化现象。兰江流域交汇的大小数条溪流，起伏的林丘及众多的池沼，为流域内村落水口的兴建提供了极为有利的条件。兰江在此被理解为一种广泛的文化区域。该区域在历史上深受风水观念影响，是浙中地区水口文化发展最为繁盛的区域之一。至今，在建德大洋到兰溪朱家的严婺古道，兰江东部流域的金华山麓以及龙游、寿昌、兰溪交界的砚山脚下，仍保留了大量较为完整和造诣极高的水口，为研究提供了丰富的文本信息。相对独立和稳定的文化，也使区域内的水口风貌极具地方特色，可作为浙中地区传统村落水口景观的代表。该区域正经历着普通村庄的发展变化，因此这项研究更具有普适性。通过完整的区域性水口研究，可见微知著，为当下的水口研究提供一个事实案例。

将范围界定在一个以文化空间为基础的地理单元，是希望强调对区域景观和群体环境的关注。因为以往的研究往往只关注村落个体，忽视了村与村之间的关联。例如，区域内的新叶村、三石田村和上吴方村虽然是独立的村落，但在某些人文景观的塑造和建构方面是有关联的，它们都通过对一座名为"道峰"的山体进行现实和精神层面的景观表现，产生村落景观边界之外的关联。这在相距遥远的兰溪柏树园村也得到了体现[1]。从"织体城市"[2]的理念看，它们都可以理解为由同一种相似的方式构造出来的，而区域研究的重点，也在于对村落环境群体的关注。

调查发现，所谓村郊，即村落边界之外的环境系统，并不存在留白。一个村子边界的结束常意味着另一个村子边界的开始，尤其在村落分布密集的兰江流域。许多村落水口的组成元素，常常成为附近村落的借景

---

[1] 据《玉华叶氏宗谱》载，新叶村"玉华十咏"有"道峰卓笔"，用来描绘新叶村南塘倒映道峰山的景象。在三石田村和上吴方村，其被冠以"文峰肇秀""道峰拥秀"的雅称。《东鲁唐氏宗谱》载，柏树园村有宾峰堂，"其所居正与道峰相对，因字号曰宾峰，建堂以居"。这些村落的环境塑造正是借景道峰山而产生不同层次的景观联系。
[2] 王澍教授在个人专著《设计的开始》中提出"织体城市"一词，认为城市的设计方法实际与城市的大小尺度无关，可以将城市视为"织体"。如将夸峰村和苏州城相比，它们的关系"如同一张完整的丝织地毯与一块地毯碎片的关系，不仅相似，而且同样完整"。

对象，并以此形成村与村之间的景观关联。水口也因此成为区域性的景观场所和环境。

所以，从兰江流域的整体视角看，传统村落中的水口景观场所并非单独的景观建筑节点，而是以此为基础的整个村郊，它们共同构成了一种连续的、多层次的、有组织的复合景观结构（尤其体现在村与村之间），并借此扩展成为区域性的地景结构。

兰江流域的地理位置

1.3 水口研究

关于水口的研究主要集中在国内，国外有关研究会偶尔提及，但并无深究。国内相关研究主要集中于风水和景观、规划和建筑学领域，较为典型并形成一定规模的是徽州传统村落水口研究，还包括人文社科领域的相关研究。虽然少有以水口为专题的著述，却有着更为具体的内容，包括古典园林、乡土建筑遗产保护、村落环境营造和理景艺术等。

自刘敦桢先生关于徽州民居的调查文章问世以来，国内外建筑、规划、历史、民俗等各方面的专家学者均对徽州传统村落和民居有所关注。所以，早期关于传统村落中水口的研究，很大一部分是以徽州村落为载体的，水口几乎成为徽州村落的代名词，相关评述在徽州文化的专题研究中几乎都有所涉及。

20 世纪 50 年代，陈从周先生在江南园林的考察中，就多次提及园林中的"曲岸水口设计"。他记录了常熟燕园东侧小院湖石假山的水口形象，并得出"山下水口曲折，势若天成，实为佳构"的评判标准。这处水口仍是当下进行叠山理水创作的重要参照。在其后和园林相关的文章《说园》、《续说园》中，也多次从叠山理水视角，提出水口是丰富池面和驳岸形态的重要元素，尤其体现在假山的坡脚。刘敦桢先生在《苏州园林》一书中也多次从理水角度，品评了园林中的水口建设，认为水口既是理水的重要内容，也是划分池岸空间层次和塑造空间远意的重要手法。

从 20 世纪 90 年代开始，学术界在水口研究方面取得了丰硕成果，尤其是乡土建筑遗产保护视角下的水口研究受到了学者们的高度重视，这一时期的研究成果以清华大学建筑学院陈志华、楼庆西和李秋香教授所著"乡土建筑丛书"为代表。通过对诸葛、新叶、郭洞和楠溪江流域等村落水口的勘察测绘，以图纸形式记载了各村水口的平面格局和发展现状。东南大学建筑系和歙县文物管理所编著的"徽州古建筑丛书"，也从实测研究角度，记录了瞻淇、豸峰等村的历史沿革和发展现状，丰富了村落水口研究的具体内容。此外，还有潘谷西教授编著的《江南理景艺术》一书，通过对苏州洞庭东、西山和皖南、浙东等地村落水口的调查，总结了这一带水口理景的经验与成就，其中的实测资料即使是今天也有很高的参考价值。

1991年，殷永达教授发表的《论徽州传统村落水口模式及文化内涵》一文，讨论了不同模式下的水口形成与发展、功能与文化之间的关联，将村落水口分为防卫型、生产型、交通型、游赏型和生态型，并且分析了不同类型水口的各自特征，提供了从当代视角审视水口的观念。王其亨教授则基于"风水形势说"，通过挖掘和解析中国古代建筑外部空间设计的艺术手法，提供了从设计学视角研究中国传统建筑的方法。在《风水与环境》一书中，汉宝德先生探讨了风水禁忌视角下的传统环境观念架构，虽然没有关于水口内容的具体讨论，但提供了从文化禁忌视角分析和看待建筑与环境的主张。还有程极悦先生从水口园林视角，关于徽州村落水口营造手法及艺术观念的总结，并以黟县西递水口整治为例，探讨了其中蕴含的规划思想对当代的启示，为水口保护与发展提供了参考。在实践方面，程建军教授在《中国传统建筑风水水口理论与实践》一文中，通过实地调查，结合测量分析，探讨了"水口观念"与建筑选址、定向与布局的关系，论证了水口理论对实践的影响。此外，还有江西、福建等地传统名村的水口个案研究。

这些前人的学术成果，为当下研究奠定了部分理论基础。但由于时代原因，前人研究大多只关注传统名村，对那些没有名气的、特征不明显的村落水口鲜有关注。虽然形成了区域性水口研究，但涵盖范围有限，容易让人认为水口只存在于一些规模较大的传统名村。从研究内容看，多集中在历史和文化层面的的描述，关于水口营造技艺和观念的具体手法，特别是水口理景的当代转换方面，是可以进一步深化的。

例如，水口的营建虽以风水为指导要素之一，但由于"风水"一词涵盖广泛，概念和程式化的解释，并不足以剖析一些具体的水口环境，如平面布置、建筑朝向、空间导引等。本书引用并重新诠释了当代建筑理论中的一些名词，比如水口环境中关于"建成环境"和"意象环境"的讨论，试图以此作为理论补充与印证。

1.4 古代相关文献的简要梳理

关于水口的系统性描述和记载，主要集中于传统风水、古代画论、方志、家谱和古代文人游记。如《葬经翼》《山法大成》等书籍中，都有将水口列为独立篇章讨论（"水口篇"），涉及选址、格局、形象、模式等营建技艺的综合讨论。而《水龙经》作为一本唯一将"水"作为讨论对象的著作，更是将"水"本身具体地转译为诸如"曲水朝堂格""远朝幸秀格"等格局，并逐一例举、讨论、辨析。古代画论中也有大量涉及"水口"的文字描述，在《绘事微言》《绘事发微》中，"水口"都作为独立的篇章讨论。

地方文献，如方志、家谱中关于水口的记载和描述则更为普遍，几乎开卷必谈。方志中的山川、形胜和家谱中的住宅图记、里居图等都可见关于水口形象的图示和文字描述。如研究区域内的《坦源周氏宗谱》《雁门童氏宗谱》《社峰吴氏族谱》《瀫西长乐金氏宗谱》等，都对其水口选址、修造原因、形局和景观配置做了详细描述。家谱中的八景诗和以"八景""十咏"为名的村居景观，也会出现和水口相关的文字记载，如豸峰有"水口诰轴"，戴村有"水口双鲤"。此外，古代文人游记、文论中也夹杂了大量水口形象的记录，如《徐霞客游记》自《江右游日记》始，便出现了关于水口形象的集中描述："溪南有塔，乃弋阳之水口也。""螺子，吉郡水口之第一山也。""十里，富源。其西有三狮锁水口。"等等。

这其中的有些资料虽并不直接涉及水口信息，但仍为当前水口形象、格局的辨析提供了重要参照。如《社峰吴氏族谱》交代了水口的人文历史环境，以及古代文人对其格局和营造理念的想法。这些都为当下的水口研究提供了价值极高的文本资料。结合本研究的地理区域，第一手的资料便是对村落家谱资料的收集，这也成为本研究的重要材料和理论支撑。

1.5　研究方法

通过大量田野考察和民间地方文献资料的考据，笔者记录了兰江流域传统村落中的水口数量、分布和发展现状，梳理了水口修造的背景、沿革等历史信息。与官式建筑不同，由于水口多属民间建造，少有文字加载。只能借助村民访谈，采集与水口相关的口述信息，包括当地流传的俗语、禁约等。有时，仅通过文献研究，并不足以达到对水口内容的了解。因此，选取具有代表性的水口景观进行测绘，也成为获取一手资料的基本方法。

尽管考察的数量有限，但仍发现了诸多问题。特别是关于各村水口的营造缘由，发现大量营造技艺和造景手法极高的水口景观，并无任何可参考的文献资料。有些水口只有族谱中零散夹杂的图像资料，有些只在阳宅或里居图记中一笔带过，讨论其营造方法的资料则更少。很多情况下，只能通过当地村民指引，才能达到对一村水口位置和组成要素的确认。例如三泉村水口即使有"鲤鱼戏水"那样高超的借景和空间处理手法，也无任何与之相关的文字资料。这样的方法虽然无法形成面面俱到的调研，但仍可以通过对区域内较为典型的水口和人文环境的整理，获得一个大致的印象。本书将以此为基础，讨论村落水口的环境和生成机制。

第二章
兰江流域传统村落中的水口普查

2.1 水口景观要素的识别

在注重村落选址和营造的兰江流域，水口向来是村落营建的重点，几乎一村一邑都涉及水口的营造。大量实地调查发现，水口在该区域内的分布极为普遍，数量庞大，即使在当代乡村建设中遭到一定程度的破坏，仍有大批价值极高的水口保存下来。前人的研究大多围绕一些较为出名的村落水口，对那些没有名气、特征不明显的村落水口鲜有关注，这对水口数量遗存极多的兰江流域来说是较为可惜的。

资料显示，兰江流域内的许多宗祠、庙宇、牌坊和古树，都被作为文物受到保护，其中不乏一些和水口直接相关的建筑，它们既是这个区域昔日文化繁荣的象征，也为水口普查提供了可考的基础。水口普查，一方面可以统计出区域内的水口数量、规模和分布现状，了解其历史背景，另一方面也可对水口进行鉴别，这是研究的基础和前提。首先是发现那些容易被忽视的水口，其次是鉴别水口，区域内的许多村落都有和水口相似的空间，但并非都可称作水口。

2.1.1 村口

1）村庙

董店村　本保庙

黄村　土地庙

庄头村　潘公殿

在兰江流域，几乎所有的传统村落都建有庙，有时一个人口较多的自然村会有多个庙宇。这些村庙大多是一些小尺度的民间建筑，它们和路亭、古桥、古树、池塘、宗祠等形成的村口组合，常常成为进入村落的第一道景致。村庙对村口的景观具有一定的改善作用，可使村口景观多样化。一些村庙占据村口的重要位置，庙前往往形成公共性质的场所，这在一些规模不大的村落中表现得尤为突出。

走访调查过的村庙，大致有黄店明兰寺，社溪村小经堂和关王殿，新唐村水阁殿，高井村社堂殿，太平桥村社堂殿，坞口村太祖庙，佳泽坞村大公庙，上包村鹤山殿，清塘何村净土庵，桐山后金村福泉庙，方村土地庙，余村桐山金堂庙，黄村土地庙，上唐村万松寺、白山殿、广林庵，董殿村本保庙，西垄村甘露庙，金家村樟树娘娘庙、东胜庙、化千殿，穆坞村将军庙、碧莲庵，岘坦村兰源殿，毕家村碧山殿，下方底村真教寺，胡门里村万成殿，楼塘村明水庵，前岸村乌石殿，潭塘坞村白沙殿，渡渎村茅庵寺，泽基村周王庙等。

潭塘坞村的白沙殿供奉白沙大帝，清光绪《兰溪县志·庙祀》认为白沙大帝有兴修水利之功，德泽最惠民间。其中，最具地方特征的是徐偃王庙。史载"偃王以仁义失国"，应是这一带偃王庙分布众多、庙祀不断的根由。《社峰吴氏族谱》载："兰境居民大都祠王为封域保障之主，庙貌接壤而是，其名不一。"社峰隆兴殿、诸葛徐王庙、香溪仁惠庙、石屏山仁惠庙、马塘山马塘殿、西坞云峰庙等，都是专供偃王的庙宇。

还有一些村庙里供奉的是村民信仰和推崇为神的人，如上戴村福佑庙。据《莲湖戴氏宗谱》载，古时，戴氏族人为感激范增以恩相报之举，以其为保护神，建庙以供族人敬拜。除了供奉人物神的庙，常见的还有土地庙、本保庙，这种庙规模更小，分布也最随意，村里村外都有可能。一般没有可供人活动的内部空间，只有一个神龛，甚至一个画像，但也反映了一定时期内的村民信仰。

都心村　土地庙

潭塘坞村　白沙殿

姜山村　土地庙

于街村水口殿，大坞陈村水口宝殿，都是直接以水口命名的庙宇，对水口的识别具有重要提示，这在整个兰江流域也是不多见的。前陈村水口的庙宇就叫"水口殿"，坐落在村口沿溪的山脚，面阔三间，是一处新修的庙宇。庙的西侧是一棵百年古樟，一座双孔石桥跨溪而建，它们和山丘、溪水，共同组成了这个村子的水口文化景观。古樟、庙宇组成的景象，几乎成为这个区域水口景观的标配。

此外，在村落周围的山脚下，还分布着一些供奉山神的山神庙。如玉华山下的白山庙、白山殿、白露山白露庙、柱竿山柱竿山庙、三峰山三峰殿、砚山砚山殿等，分属李村、下金刘村、潘村、三泉村、三峰殿口村和砚山脚村。它们往往和村落离得很远。据村民介绍，这些庙既用来祭祀山神，也用来界定村落边界，甚至是用来"占地"的。但在现场，这些庙宇往往需要借助其与周围环境，甚至村落结构的关系，才能知道是不是水口的一部分。

白露庙

柱竿山庙

2）水塘

水塘是古村落中最常见的景观元素，也是重要的生产生活场所。在徽州和楠溪江流域的许多村落都可见这类对村落造景极重要的景观元素，但和其他区域传统村落的水塘不同，在兰江流域，水塘常常被用来界定村落边界，是区分村落内外的重要标志。不少村落的水塘都位于村口，水塘外侧是连续种植的古樟树，水塘内侧才是村落。水塘对村口景观的塑造具有重要作用，常成为一村景观的核心。许多村落都有一口或数口水塘，多为半月形，西姜、社峰等村都能见到这种宅前的半月塘，但并不是每口半月塘都能称作水口塘，只有那些占有重要地位的才能称为水口塘。较为出名的有诸葛村、芝堰村和长乐村，它们都被专门研究过，也是这一带水塘造景艺术的典范。

除此之外，兰江流域各地类似于此的水口塘尚有不少。笔者调查过的有太平桥村新塘、樟坞村黄大塘、麻车岗村厅前塘、柏树园村门前塘、砚山脚村圣塘、潘村新塘等，还有开凿于明崇祯年间的刘家村新塘，它们不仅具有实用性、观赏性，还反映了当地村民的生活状态，具有较高的历史和文物价值。

有些村落，还在村口造两口水塘，如三泉村盛家塘、屏风塘，桐山后金村上大塘、下大塘，大坞陈村支坞塘、门前塘等。这些村落大都坐落在三面环山、一面开阔的小山湾内，当地常对这类空间冠以"坞"的称谓，整体格局似一个"凹"形，水塘就位于这个"凹"形的入口，并沿轴线依次排开。这样的做法，既强调了水塘作为村口的形象，也凸显了其独特的空间地貌。从外观看，由于植物和水塘都极易被当作自然环境的一部分，因此水塘成为一种"无形"的边界，形成对村子的隐障，也达到对村落环境的围合，并形成兰江流域传统村落水口的主要特征。

还有一部分村落以"塘"命名，如午塘、横塘、杨塘、孟塘等，这些都说明水塘在当地居住文化中不可低估的地位。这些水塘，不仅具有公用性，还反映了一个家族的繁衍迁居史，从一个侧面反映了当时人们的生活状况乃至村落形成状况，具有一定的史料价值。

砚山脚村　圣塘

桐山后金村　　上大塘

2.1.2　古道

研究区域地处兰溪、龙游、寿昌三县交界，自古便是交通要道，兰江也是古时金华、衢州等地进入杭州的重要水道。区域内很多通往邻县的山间都设有古道。如严婺古道原是从兰溪到建德大洋的官道，过往客商不绝，历代官员和百姓都会踊跃捐输修此驿道。古道由兰溪黄店起，经甘溪、社溪、下唐、刘家、新唐、高井、太平桥、百步岩、朱家、坞口到领脚，再往里走便是兰溪、建德的分水岭——塔坦岭，岭北为建德地界。经庄头、下徐、前岸、杨村、井坑、毛山岭、里黄到大洋。

这些村落大多沿古道分布，起着重要的驿站作用，部分村落的水口也承担着交通枢纽的职能。如青云桥，既是杨村水口桥，也是严婺古道的重要交通建筑，至今仍发挥作用。由于一些古道上的村落位置较为偏远，其水口反而保存得更为完整。

除古道外，还有一些建筑孤立村郊，往往与周围村落保持很远的距

甘溪村　桥头殿

潘村　锁虹桥和望云亭

新叶村　道峰亭

离。这常常是由于交通方式的转变，造成昔日以水口、路亭等构筑的古代交通体系，日益被冷落、遗弃或改造，不再发挥作用。至今，在兰江流域的黄店、马涧、女埠、永昌等地还散落着大量无人问津的路亭和乡间庙宇，多已废弃，不难想象，作为村落曾经持续利用的生产生活系统，它们也是和周围村落有着一定关系的。

笔者调查过的有岘坦村听琴亭，潘村望云亭、锁虹桥，甘溪桥头殿，竹塘路亭，道峰山脚道峰亭，上唐且息亭，下童古驿亭等，这些建筑以供农人和过往商客驻足歇脚、避风躲雨的路亭居多，其中的一些还起界碑作用。如位于建德至兰溪古驿道上的建兰亭，看似孤立无归属，实则正是村郊景观的重要元素，它们连同周围的山水共同构成了遍及乡村的景观结构体系，虽与水口无直接关联，但却构成了古时村与村之间的交通体系，对于它们所属关系的理解，有助于对村落结构和边界的理解，从而有助于对水口的识别。

2.1.3 舆图

对区域内各类地方文献中水口资料的搜集，也是水口普查所借助的一种重要方式。如方志中的形胜、山川，主要记载一地之内的名山大川，是关于一地景致的集中描述，而和水口相关的文字记录常出现于此，《兰溪县志》《寿昌县志》《龙游县志》都可见对水口的直接描述。

由于村落水口多是村民自建，属于民间行为，除风水方面的记载，几乎没有可参考的文本资料，而关于村落水口的考证，也大都只能借助家谱中的资料。兰江流域现存的家谱量大，保存完整，内涵丰富，除记载各个姓氏的迁居史外，还详细记载了村落和住宅的选址过程。水口常出现在讲述一族住宅选址过程的图记中，除此之外，一些建祠立庙的文记，后人品评村居环境的诗词中也常常有所涉及，还有一些以族规、禁约的形式出现。有些家谱中的文字资料并不直接提及水口，较为典型的如《平阳五湖舒洪二宗家谱》载：

"烟居稠密，树林阴翳，毓然深秀，郁郁葱葱。其山之远朝近拱，高为嵩，大为宫，小为霍，回环缭绕，前后脉络，起伏有情。宅前有白雁塘，为收水之处。其宅之左首则有大午塘，宅之右首则有广周塘。而门口塘、里塘、卸塘又在通宅之中，不营襟带之垂、鼎足之势，非寻常之村落可比，岂徒田之膏腴，民之殷富，堂构之美轮美奂而哉矣？"①

"坂曰黄藤，迁为住宅。其地荡平宽广，南接午塘，北连舒园，垅自董狮山而来，水收白雁塘之盛。下宅先祖寿五公入泮后好读书，至老不倦，因嫌居场杂嘈，携安人戴氏子一孙二离东宅梓里，卜爰居爰处焉。"②

---

① 《平阳五湖舒洪二宗家谱·午塘舒氏风土记》
② 《平阳五湖舒洪二宗家谱·黄藤坂阳宅图记》

还有些家谱，并无任何和水口相关的资料，但其中的住宅、里居图等，在一定程度也反映了该村水口的状况。如《兰江牛社陈氏宗谱》中的《牛社阳宅图》《里徐阳宅图》,《赤溪龚氏宗谱》中的《里居之图》，都能见到这类和水口直接相关的视觉图像，但这类资料需要在与现场比照后才能确定。

调研所见更多的是那些景观造诣极高，却无任何相关文献记载的村落水口。针对这个问题，当地流传的俗语和村民讲述，也成为极具参考价值的资料。有些村落水口流传的故事就直接反映了该村的迁居和发展史。这其中当然会有一些错漏或不实之处，但也传达出一些其他相关的信息。这些都为研究区域内的"水口"普查提供了价值极高的文本资料。

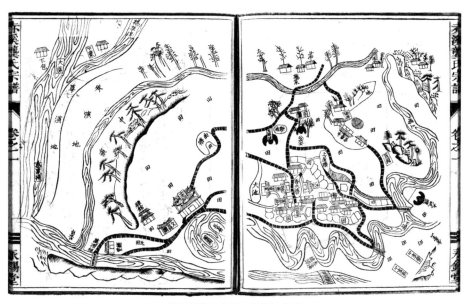

《赤溪龚氏宗谱·里居之图》

区域内和水口相关的部分文献记载

村落	文献出处	文献资料
露源村	《雁门童氏宗谱》	"吾族下首于嘉庆初年创建经堂一所,以为水口。正中供设观音佛像……"
社峰村	《社峰吴氏族谱》	"风树虎表,雄踞其后,东畈开阳,其前黄沙插笏于天门,石岩拥塞于水口,西湾为之华盖,满塘岗为之护龙,溪流环绕为之襟带,即远而永昌貔殿皆为捍门重锁……"
姚村	《姚村村志》	"姚氏阳基自柱竿山中……后有黄土山为屏,前有小青山作案,左迴仓山,右抱象山,并耸狮山如华表。天开于北,地闭于南,小溪一带,水纳乙辰,从丁未而出……至福三公插藏龟山,得发族之地,于是人丁繁衍,富贵吉昌,才建宗祠以关水口,东佐锁漾庵,西造锁漾桥。今左增文殿,右改武宫,姚氏阳基不且益胜哉。"
诸葛村	《高隆诸葛氏宗谱》	"以龙山桥堰为水口捍门。"
下汪村	《珠山汪氏族谱》	"诸塘溶漾洄,纡徐屈曲,皆注于地渔和尚二塘,高岸新增丈余,屹然为一族水口。"
岘坦村	《坦源周氏宗谱》	"山有八峰之秀,护水有九曲之流,停而五两屏塞居水口。"
八角井村	《陇西郡董氏宗谱》	"国朝雍正间,分派于前山坂,柱竿下脉中隔,齐塘双溪环抱,毓秀钟灵,下首水口庙一座,为八角井基门,故载志谱中。"
麻车岗村	《东鲁唐氏宗谱》	"青岩嶂列于后,玉华昂耸于中,三峰环绕,白露萦回,柱峰东振于水口者,斯地也。"
甘溪村	《重建广济殿序》	"村之下首……当年……吾族之水口也。"
黄店镇	《龙岩黄氏宗谱》	"以芝溪社溪之水,皆数十里奔流回合于其前,讲为巨浸而东汪之,水口则有望云山,头如天马;高桂山尖如覆釜,两山对峙,横镇水下此,则佑塘之大观也。"
叶岗坞村	《杨塘东阪叶氏宗谱》	"自义问公起,朝代数来三十二代矣,因于来龙山场树木不得聚禄,而子孙尚未依旧为根源,既之,同治甲戌年间,嗣后欲意聚禄水口树木,不得铲削山场祖坟基……子孙不能上达,意为本心其意一也。"
殿下村	《瀫溪吴氏宗谱》	"上有老樟木一株,一东北园笨小塘边,地上有大枫木一株,概入敦睦堂众会,培植留养,立有字迹,批明在谱存证。不宜削桠砍伐,如有不遵宗法,违悖公议规则者,合族共去攻之,即行责罚。此为通族来龙水口,由关紧要,宜其木林叶茂高大为佳……即将本族一切水口来龙古木一一备刷存谱遗禁,俾后世子孙知其所贵重云云。"
穆澄源村	清光绪《兰溪县志》	"东源之东,山上有棋盘石,世俗传为赤松子弈棋之所。西源之表有巨石高二丈余,中有锯迹,俗传三位仙人锯石岩。西源外又有怪石高三丈,广五丈,状若灵龟浮架水口,谓之龟石焉。"

续表

村落	文献出处	文献资料
西乡*	民国《寿昌县志》	"象山，在县西二十六里都，山形如象，与狮山对峙，回抱岘岭，为西乡第一重水口……雁鹅山，在县西二十五里，一名铜锣山，高数十丈，上有仰天池，为西乡水口山。"
寿昌	民国《寿昌县志》	"金姑峰，在县东三里，峰尖卓立，形若凤翅横截，县之水口，形家谓为艮峰。明万历四十一年，县令张爵应建塔其上，邑人诸葛昌襄力为多。清光绪二十七年，被雷震坏，今圮。"

* 西乡，原是寿昌县城西南方向片区的总体称谓，现泛指砚岭以西的大同、李家、劳村、上马和长林等村所在的区域。

2.1.4 水口景观元素统计

据调研所见，研究区域内水口的组成元素并不多，常以古桥、村庙作为基本元素进行组合变化。水口可以具体表现为一座桥、一座庙，也可以表现为更广泛的建筑组合和环境群体，但无论大小，都与周围环境维持着一种密切的关系，以至于常常需要借助与古桥、古树、山体、水系甚至村落的结构关系来识别，带有一定的组合特征，尤其反映在其所属的环境不经提示，有时甚至难以察觉。

如社峰隆兴殿，单独看只是一座不起眼的村庙，但查阅资料，就会发现其意义的重要。《社峰吴氏族谱》载："遥与宅舍相望者，形家元武捍门之说。"隆兴殿"捍门之说"的意义，正是在与山体的组合关系中得到体现。

这种模式特征是由古至今辨认"水口"比较稳定的规律，尽管衍生的格局不同，但它们还是使"水口"在历经变化后仍保持其特殊形式，含有特殊的意义。这一类水口最易识别，如那些以水口命名和含有明显风水元素的水口。

区域内的许多村落虽都有和水口相似的空间，但并非都可称作水口。水口的识别需要借助与周围地形的组合关系。如朱家青云桥，从外观看只是一座尺度不大的单孔石桥，在当地，这种形制的石桥是极普通的，朱家附近跨溪而建的石桥大小不下二十座。青云桥之所以被称为水口桥，关键

朱家水口　青云桥

青云桥下　沧溪、阴坑溪合流处

金家村水口　樟树娘娘庙和东圣庙

在于其位置的特殊。桥下正是沧溪、阴坑溪合流出村的地方，溪名由此改为朱家溪。在社溪村关王殿（朱家溪、庐溪合流出村的地方），金家村的樟树娘娘庙和东圣庙，也可以看到这种两溪交汇的现象。再如社峰村，隆兴殿、大宗祠，沿永昌溪分布有五座石桥——文武桥、庆丰桥、双莲桥、杞荫桥、包店桥，但只有文武桥和水口有关，水口元素的界定还需要在和村落的结构关系中确认。

这些建筑与所在环境的契合方式看似平常，但对水口的识别具有重要作用。经考察发现，这些建筑无论大小都与周围环境结合得很好。以兰溪黄店镇为例，现有的46个村落，无论大小都有水口，水口几乎成为兰溪村落的标配。

从这些建筑与环境的特殊布局和村落关系来看，这种现象并非个例，而是呈普遍的区域化特征，其背后可能隐藏着一种关系。所有的水口建设似乎遵循一种方法和理论依据。这种面貌有一种共性在支撑。这些共性元素的识别，可以为当前村路水口的建设提供指导。隐藏于其中的设计方法和理论观念，对当下研究非常重要。

水口在区域景观的塑造中扮演了十分重要的角色，虽有大小之别，也总遵循着"同构异形"的结构原则，这种大小的不同，很大程度只是尺度、范围的变化，而并非"内容"的变化，这类结构似乎和村落本身的尺度无关。据调研所见，即使很小的村子，如花墩村、溪边村，也遵循这样的布局之道。虽然不同村落水口的选址在尺度上有差别，但关于水口的描述总是带有某种程式化特征，这实际上是大多水口所普遍具有的一种空间结构。

区域内部分村落的水口景观元素统计

村落	水口景观元素现状
三泉村	木鱼山、如意山、合和山、盛家塘、屏风塘
大陈坞村	古樟树群、乌支塘、水口宝殿
胡门里村	万成殿、戴氏节孝坊
社峰村	鲤鱼山（已毁）、文昌阁（已毁）、关王殿（已毁）、文武桥（民国）、石岩山、永昌溪
坞口村	古樟、太祖庙
朱家	青云桥、沧溪、阴坑溪
太平桥村	古樟、新塘、社堂殿
高井村	社堂殿
刘家村	古樟树群、新塘
新唐村	水阁殿
社溪村	古樟（已毁）、关王殿（已毁）、石桥
黄店	望云山、高桂尖（以毁）、芝溪、社溪
露源村	经堂殿*
潘村	望云亭、锁洪桥、土地庙
黄村	土地庙
方村	古樟、土地庙

续表

村落	水口景观元素现状
余村	古樟树群、桐山金堂庙
前方村	古樟树群、澄潭桥
夏王村	回龙殿
桐山后金村	福泉庙
上金村	古樟、土地庙
八角井村	水口庙
上包村	鹤山殿
清塘何村	小殿山庙
岘坦村	仁寿塔、兰源殿、听琴亭
下潘村	永龄塔、石岩山
金家村	樟树娘娘庙、东胜庙
穆坞村	古樟树群、石桥、碧莲庵
上寸村	上寸桥、沈村庙
溪边村	古樟、石桥（已毁）、土地庙
潭塘坞村	白沙殿
杨塘岗村	关帝庙、五圣庙
三石田村	童新桥、翠华庵、三石田平桥
万田村	古樟、灵应殿
下金刘村	白山殿、土地庙
樟宅坞村	汪王庙、土地庙
里黄村	周王庙、古樟树群
西坞村	殿门口石拱桥、云峰庙、古樟、徐公庙
庄头村	东下桥、潘公殿、古樟
下田村	龙王庙、龙王桥、古樟
五白源村	石拱桥、五白庙
童源里村	童源里石拱桥、经堂殿、古樟
石泉村	石泉村石拱桥、宣灵庙、土地庙、古樟树群

* 经堂殿，位于露源村西，据《雁门童氏宗谱》载，始建于清嘉庆初年（1796—1820），民国三十六年（1947）重建，1969年倒塌而拆毁。1998年，由睦三六妻唐菊花、睦五八妻陆春香等人，历时三年，募集资金，于2001年重建。

2.2 水口概念的界定

水口的概念，目前尚未有公认权威的定义，但对于它的讨论，学术界和民间一直都在进行，结合古籍资料和现存的水口遗址来看，其历史至少追溯到唐宋，甚至更早。水口虽源自风水，却是一个综合概念。特别是由于古代文献关于水口的描述常用厄言隽语，外延模糊而涵盖广泛，不同领域对水口含义解读的侧重也不同，造成水口含义的模糊。"水口"一词几乎成为一种泛指和观念表达。所以对"水口"的理解，首先是语义的还原。

2.2.1 众水合流而出之处

"水口"常用来泛指村落或城市中水流的出入口，有进水口和出水口两种形式，俗称"上水口""下水口"，也称"天门""地户"。在传统村落中，一般意义上的水口，常泛指水流出口。在传统风水观念和画论中，常常将"众水合流而出之处"视为"水口"。明代学者缪希雍在《葬经翼》中就有"水口篇"的专论："夫水口者，一方众水总出处也。"当下关于水口研究的许多文章中都以此作为水口的基本概念，将"众水"交汇后的"总出处"视为"水口"，并明确定义了其中一个重要的实体要素——水流。在其他论述水口的著作中，如《堪舆漫兴》《雪心赋》等，也都遵循此一原理，以水流的出处作为水口的主要踏勘对象。摘陈有关水口的一些论述如下：

"夫水口者，两山相交，乱石重叠，水从窄峡中环绕弯曲而泻，是为水口。"

"水口者，水既过堂，与龙虎案山内外诸水相会，合流而出之处。"

"水口者，水去之处也。"

"水既过堂则去，其去处必有门户，曰水口也。"

这些论述，都将"众水"交汇后的"总出处"和"去处"视为"水口"，并明确定义了其中重要的实体要素——水。在传统人居观里，水是人居的前提和生活之必需，众水交汇后的水流出处的节点，也是古人居择址时"入山"所寻觅的目标。"未看山时先看水""有山无水休寻地""吉地不可无水"几乎成为俗语。"入山观水口"，水口是诸多要素中必先考察的，也是一村选址最重要的部分，一个理想的村居环境，首先取决于水口的形态结构。宋黄妙应在《博山篇·概论相地法》中认为："凡看山，到山场，先问水。"古人择居，必入山寻觅山水构成状况，缪希雍认为入山的主要目标是"问水"，即先关注山中之水。依照水口定义，水口的寻找往往先看水。

山水绘画中的水口形象①

此外，水口还是山水绘画中常见的题材，既是画面结构的重要组成部分，又是画家创作的难点，历来广受重视。中国古代山水画论中关于"水口"一词的文字记载，至少可追溯至元代黄公望的《写山水诀》，但和"水口"相关的图像资料，在北宋时期的山水绘画中就已可见。元黄公望

---

① （元）吴镇《渔父图》（左一）、（元）朱德润《松间横琴图》（左二上）、（元）倪瓒《幽涧寒松图》（左二下）、（元）佚名《松泉高士图》（右二）、（明）唐寅《山路松声图》（右一），引自卢辅圣主编《中国画历代名家技法图谱·山水编·云水法》。

《写山水诀》指出"山水中惟水口最难画",清石涛论山水画中也有"远山难置,水口难安"的论述;清松年《颐园论画·山水》载"古人以水口为难画,实不易也。余读古今名画,水口好者不多见,独许蓝田叔为得法。"明唐志契《绘事微言》:"一幅山水中,水口必不可少",更强调了"水口"在画面结构中的重要地位,是山水绘画中的必要元素。

出现水口的地方一般都有这样的景象,如"平溪小涧,必见水口"[①]"山到交时而水口出"[②]"两山相交,乱石重叠,水从窄峡中环绕弯曲而泻"[③]"须要峡中流出,有旋环直捷之势"[④]"畔岸乱石排列者"[⑤]等,都提示了"水口"在山水绘画中出现的语境,但这类描述常常是景观性的,或画论角度的。如清唐岱在《绘事发微》中专论"水口"一词:"画水口垂瀑,须从流水之两旁皴染,使阴凹黑暗,以显石面凸出,水向峡中流出",更强调水口的外在形式和景观特征。它们往往被视为水口中的"生成自然者",还是丰富画面层次、塑造空间远意和增强生动性的重要语言,但现实中的例子并不多见,对现实环境中"水口"的辨识很难形成有效的指导。

2.2.2 关津之要

我们大致对"水口"的形象有了初步了解:水口的外在形象与"水"密切相关。但通过文献资料的整理和实地考察,笔者仍发现了大量与水无关的"水口",尤其在那些远离河道和水系特征不明显的山区。村庙和古

---

① (元)饶自然撰《绘宗十二忌》:"画泉必于山峡中流出,须上有山数里,则其源高远。平溪小涧,必见水口。寒滩浅濑,必见跳波,乃活水也。"
② (清)笪重光撰,王翚、会格评《画筌》:"山从断处而云气生,山到交时而水口出。"
③ (清)唐岱《绘事发微》:"夫水口者,两山相交,乱石重叠,水从窄峡中环绕弯曲而泻,是为水口……水口之上,垂瀑源头,宜加苔草遮映。"
④ (明)唐志契《绘事微言》:"一幅山水中,水口必不可少,须要峡中流出,有旋环直捷之势,点滴俱动,乃为活水。盖水比石不同,不得太硬,不得太软,不得太枯,软则无势,硬则板刻,枯则干燥,故皆所忌。然既有水口,必有源头,源头藏于数千丈之上,从石缝中隐见,或有万丈未可知,此正画家胸襟,亦天地之定理。俗子则画泉石竟从山头挂下,古人谓之架上悬巾。"
⑤ (清)叶九升《地理全书·山法大成》:"水口郎咽喉,罗星郎舌。气行盛大而形发有余,当水口而塞。欲令内气之不出,两牙交结,在罗星之外对峙,畔岸乱石排列者是也。"

树成为这类"水口"的典型代表。兰江流域的兰溪方村、余村和新唐村，都能见到这类和水无关的水口。据当地村民描述，这种以古树和庙宇为标志的水口，多是用来界定村落领域和边界的，更强调水口的领域职能，而非水的形象。

在和水口相关的文本资料中，也有不少这类侧重空间和领域角度描述的水口形象。

"毕浦，在县东十五里桐溪分界，山麓有文昌阁，咸丰间毁于兵燹，光绪初年，里人盛时宇重建，邑人臧承宣有记：溯桐溪而上五十里，至分水界，双流汇潴，潭水渊澄，是日毕浦人烟稠密，邑东之镇也。水口有山从北青山奔腾而出，势如渴骥，对岸石壁耸立，两相挺峙，里人筑文昌阁于山麓，非徒壮观也，近为一镇之屏障，远为一邑之关锁。咸同间赭寇肆虐，毕浦盛德璋先生散家募壮士据阁以守。阁高三层，登其颠能望十里，远见贼尘，即命壮士分伏山谷，贼从东来者，往往受大创。远迩闻风麇集，倚为桃源，则是阁之所关，洵不浅也……适予舟过毕浦，登阁徘徊，山径迂回，历历在目，俯仰凭吊，慨然想见其雄风，喜亭详语……"①

毕浦是分水县的一个偏远山村，处于山抱水环之中，村口由二山夹峙，天然成一狭小的谷口，谷口内有溪水流出，"石壁耸立，两相挺峙"的天然屏障便是水口，既是来往毕浦必经之所，也是地理位置很重要的交通要道。《分水县志》记载了毕浦村民在此修文昌阁，并借助水口地形，据阁以守，伏击赭寇的故事。我们看到，毕浦水口文昌阁的修筑并非追求其壮观，而是在于"近为一镇之屏障，远为一邑之关锁"护居安村的防卫效应。

---

① 清光绪《分水县志》

"淳东三十里，云峰之西有云桥，长以丈计者五，阔二丈，面方平，两堤皆绿，级上如眠笏状，非特锁云峰一方之水口，实淳东往来要津也。"①

"玉壶为金邑之名山，鼎峙东北，众山环拱，为郡府发源之所……横山之下有二水交流，汇而为塘，名曰午塘……其孙惠四公于塘之下约一里，乃创立万寿祖，为午塘之水口。是庵也，为郡府之交衢，东南之要道，实吾族之咽喉……水口者，关津之要也。"②

"水口者，关津之要也"的描述，更侧重水口空间关系的描述和实用性。从这些资料看，"水口"是作为一种具有"关口"性质的要津和交通要道出现的，空间概念和"口"的意义密切相关，而并非水流出的地方，"口"字是其表现的重点，更强调其防卫效应。还常和"锁"字相关联，从字面上来理解，"锁"首先有"关锁"之意，表现空间的狭小，又有限定和束缚的意思，它所含有的界定、封闭、防卫和关镇的隐喻也十分明显。从空间出发的水口描述如"水口不通舟"，"弹丸塞函谷，言其狭也"。"水口爱其紧如葫芦喉"正是这种形象的说明。

在动乱时期，水口作为关津之要，可为族人提供庇护。在兰江流域现存的许多家谱中，都可见村落迁居的避乱之说。如《兰江牛社陈氏宗谱》载有"余族自烈府君于唐宪宗元和二年（807）避镇海节度使李琦之乱，由柏江迁兰之望云乡牛社葱园居焉"，《东鲁唐氏宗谱》中有"避元乱"，《舒氏宗谱》更是有因"甘露之变"而导致兰溪舒姓家族隐姓埋名，甚至改姓，来躲避战乱的记载。

据调研所见，将水口"关津之要"的防卫效应发挥到极致的，是位于严婺古道上的西坞村。西坞村世居范氏，现位于建德大洋镇。而据《龙门范氏家谱》记载，西坞范氏是由兰溪迁入的。从地理环境看，村子位于

---

① 清光绪《淳安县志·云峰桥记》
② 《赤松余氏宗谱·水口万寿庵记》

山谷深处，村民在山谷中部的山嶂间筑起一道土堤，堤上密植林木以隐障村子。从外观看，很容易让人有到了山谷尽头的感觉。这类水口的例子在研究区域还有很多。

童源里村水口经堂殿

西坞村水口徐公庙及风水林

2.2.3 门户

"水口乃吉地门户，最关利害。"在传统风水观念影响下，水口不仅具有出入口的功用，更成为村民命运、前程的象征，成为充满象征意义的生活环境。"水口有关锁，物产丰饶，人丁兴旺荣贵。"

水口在村落建设极为重要，故各类家谱、方志均有水口营建的记载。除选址外，在水口还必须建桥梁、寺塔、祠阁以起"关锁"作用。在有较高人文层次的村落，常常依据"水口处宜增崇"的理念，布置楼阁祠塔，以寄托美好希望，满足世俗心理需求。

> "从来子孙之荣昌视乎祖茔，而祖茔之休吉关乎水口。诚以水口环固则祖骸神棲，而子孙自蒙其庇荫……二处历朝掌禁，累代书约不许砍伐……今续修遵前议严加掌禁，以杜剪伐之害，如有妄生觊觎、瘠公肥私、犯伤乔木、有祸祖茔，凡我族人公同究治。此据。"[1]

> "祖茔西南隅，旧有水口墨池，为茔中气脉所关。日久倾圮已甚，族中人心焉伤之，谓此处不修，恐吾韩氏之家世自此微矣……吾韩氏未必不因此而益发其祥也。"[2]

> "吾族之有文昌阁，由来旧矣。盖文武圣神，国有常典，朝有敕封，尊配至圣，功在生民，实于文学武艺有密接之关系。吾族于咸丰己未修举聿兴，无奈功程未竣而兵燹频仍，深惜功亏一篑，蹉跎至今已三十八年矣。听风雨之飘飖，任雪霜之凌轹。下殿卑室三间，惟见荆蓁瓦砾，遗址空存；上而正阁亦瓦解土崩，椽悬壁裂，微窬栋挠之将及，亦且神位之已夷，幸有白石楹梁稍支圮局。失今不治，势必寻圮。圮则神无所依，灵无所慰，抑且斯为防闲族水之咽喉，斯防既撤，必致水口直倾之虞，是诚勿宜稍懈之急务也。"[3]

---

[1] 《井田尹氏六修族谱·水口禁约》（民国三十五年木活字本）
[2] 山东淄博《淄川韩氏世谱·重修水口记》（清光绪十三年刻本）
[3] 义乌凤林王氏宗谱编纂委员会编《义乌凤林王氏宗谱·重修蒲塘文昌阁纪略》（2012）

水口禁约

從來子孫之榮昌視乎祖塋之休吉關乎水口誠以水口環固則祖骸神棲而子孫蒙其庇廕掌禁其鳥可已耶我族聚居於斯塋衡對字人丁繁庶雖曰後人之樹立無非先靈之呵護鼻祖道南公葬上青山真武形而老女橋張家屋後則其水口也祖妣劉氏葬紅簽園月形而白雲橋上下左右沙洲則其水口也二處歷朝掌禁累代書約不許砍伐嚴加掌禁以杜覬覦既久人心怠弛今續修遵前議朗存第恐傳世

凡我族人公同究治此據

伐之害如有妄生覬覦痺公肥私犯傷喬木有禍祖塋

世祿

主修嗣孫百寶仝謹識

揆世

六修重梓

《井田尹氏六修族譜·水口禁约》

重修水口記

祖塋西南隅舊有水口墨池為塋中氣脈所關日久頹圮已甚族中人心焉傷之僉謂此處不修恐吾韓氏之家世自此微矣今者爰囑宗譜將成所釀之貲稍有餘項遂與眾商議重修又勸族中富足者隨意捐輸以助成斯舉雖家世盛衰不可預期而吾韓氏未必不因此而益發其祥也故略述巔末並戴捐輸人等以垂後云

復始堂族會 十五千 厥萬 十二千 充德 八千

曩丞公族會 十千 齊菁 六千 德溎 六千

長濱 十千 映增 八千 辛發 十千

長興 長文 長恂 各五千

鵑修 厥連 德孚 德溥 德信

厥初 朋德 德坤 各四千

厥忠 德清 長富 張郭莊

《淄川韓氏世譜·重修水口記》

"此处不修,恐吾韩氏之家世自此微亦"的论断,本身反映了"水口"的重要意义和影响。在这些文本资料中,水口的形象已由"众水合流""水去之处"和"关津之要"这类景象的、空间的、有实物可寻的物质形态描述,转变为心理和文化层面的"吉地门户"。水口成为寄托家族精神和命运的文化场所,融合在社会结构之中,带有明显的观念意义。

"立合同字人康瑞、万裔四房所占陡山观音两山,水口山一座,蓄禁树木,多历年所,兹康历思代仁等向该山侵犯,凭族人安之等罚立禁碑,不再蹈前辙。是以四房代表从场再订合同,嗣后该山树木永远蓄禁,不准侵犯,如遇枯枝冰柴共同拌卖,不许图私。倘有侵害者,公同对付,不得推卸。"

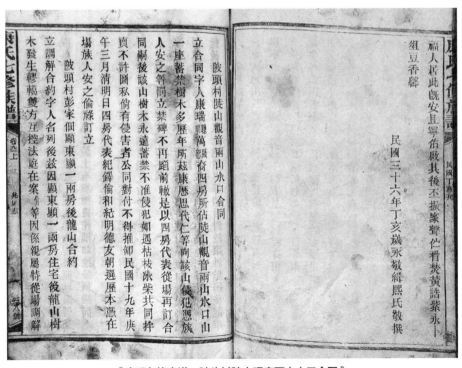

《康氏七修宗谱·陂头村陡山观音两山水口合同》

通过以上对水口的解释不难发现,"水口"一词虽然很小,其表达的含义却是广泛的:在画论中,对水口的解释常常是形象上的、景观性的;在传统风水观念中,水口被上升为"吉地门户",更强调其精神意义和文化内涵;在方志和宗谱中,还有"关津之要"这类侧重空间角度的描述。但三者常常是综合的,所以,对水口的理解也应放在不同前提下具体分析。

2.3 水口的特征

水口的营造在兰江流域传统村落中经久不衰,当地丰富的山水地貌也为水口的修造提供了有利的物质基础,构成了各村水口的不同特征。经调查,区域内水口的表现形式多种多样,既可以具体表现为一座桥和村庙,也可以是这些元素组合的环境群体。众多的水口构成了一系列复杂的文化地理现象。对此,任何单一的解释都是以偏概全。村与村之间物质环境和社会经济、宗族制度、文化禁忌等方面的差异以及应对方式的不同,都是具体影响水口形态格局的重要原因,即使那些看起来不太理想的水口环境亦如此。对区域内村落水口的调研和对水口分布状况的整理正是了解这些纷杂的水口现象的基础。

2.3.1 自然性

自然性,既包含水口组成元素本身的自然特征,也体现为水口营造过程中尊从和崇尚的自然营造理念。与徽州和楠溪江流域的传统名村相比,兰江流域传统村落中的水口组成往往较为"简单",多是一些规模和尺度相对较小的独立建筑,以单孔石桥、面阔一间或三间的小庙最为常见,规模不大,形制不高。很少在水口修筑高大的人工建筑,如蜀源、稠墅、洪坑这样的牌坊群和唐模檀干园那样的水口园林。大多数村落并没有特别明显的水口标志,特别是在偏远的山区,甚至只有一棵树,远不及徽州水口的气势。水口的人工构筑范围较小，自然性多于人工，常常是对地形的选取和利用，表现更为质朴。

例如水塘，是这一带传统村落中最常见的组成元素。但与其他区域的做法不同，在兰江流域，水塘常常是进村的第一道景致，被用以界定村落边界，限定村落领域，是区分村落内外的标志。许多村落的水塘都位于村口，外侧密植古樟，内侧才是村落。作为水口组成的基本元素，水塘不仅对村口景观的塑造具有重要作用，还是村落入口空间导引艺术的开端。但由于这类元素大多为因籍自然地貌的环境改造，人工特性不明显，所以常常难以识别，造成其"水口"特征不明显，不易被识别，让人误认为这个区域内的许多村落没有"水口"。事实上，这种"自然性"正是该区域水口景观的主要特征，"因籍自然"也成为兰江流域传统村落水口理景艺术的重要法则和理念。

2.3.2 时间性

水口作为一种带有古迹特征的历史人文景观，带有一种普遍的境遇，承载着村落的历史和记忆，也反映出该地域一定时期内的民风和习俗。在一些偏远的乡村，水口现存的古樟、银杏和枫杨甚至和村落的历史一样久远，在这种情境中，可以让人意识到自己面对的是一个无名的往昔。时间性首先表现为水口的历史性。

时间性也表现在水口的修造过程中。笔者通过大量实地观测发现，水口作为一种历史景观，其本身也是不断变化的，它的修造、更新和变迁是一个持续的动态过程。从现存的实例看，不少村落的水口都是经过不同历史时期的修建、增补和改造，逐渐演变成一村的核心景观和公共区域的。从初期的精神寄托产物，逐渐增加了生活生产、游憩和美化环境等功能，是各个时期的叠加综合。例如，水口的"选址"和"原始场地"的发掘时间，庙宇和人工构筑物的建造时间等。正是这些过去的历史积淀和叠加，造就了各村水口内容的丰富和鲜明特色，它们既是过去的,又是当下的。

水口的时间性,尤其体现在当下乡村的水口恢复与再造中。如三泉村因乡村公路的修建导致进村方式的改变,原有水口盛家塘被遗弃。村民为了延续这种传统,在新的村口重新开凿了一口风水塘,但由于其排布已经没有了盛家塘倒映周围山体的环境层次,只是形式上的恢复,缺失了水口原有的价值和意义。

时间性还表现在水口建筑的组合中。各类家谱中的文本资料,都能看到村落各个时期出于不同目的对水口进行的修造及水口范围的改变或构成元素的增减。一组规模较大的水口建筑,常常是不同历史时期的建筑组合,是不断重组和再设计的结果。如社峰村水口的修建,从清顺治年间一直持续到民国,时间跨度达百年之久。

屡经扩建和改造,形成的新源村水口全貌

2.3.3 公用性

水口包含着观赏和实用的功能。一方面，作为整个村落结构的开端，它是进入一村的第一道景致，但并非纯粹造景。另一方面，水口作为一种

坞口村太祖庙，改为老年之家

新源村水口建筑，改为老年歌舞排练室
水口建筑的功能改变

独具标识意义的场所，在村民的日常生活和公共事务中发挥着重要作用，是以实用性为主导的，被使用者通过其行为塑造而成的景观，功能在这种景观中扮演了重要角色。

例如，水口半月塘既改善了村居环境，也满足了村民生产、生活所需，还兼具消防职能。还有些村落在水口修建水碓或筑堰进行生产，如倪家村有"大溪水碓"，诸葛村有"清溪夜碓"，较为典型的是社峰村水口。《社峰吴氏族谱》载："溪滨野碓，在石岩山畔，去居南一舍许……晓夜水声洴湃，轮杵咿喔，村烟相接，鸣吠相闻，形家占为旺相。"许多水口桥，既是村民外出劳作的交通要道，又是一道独特的人文景观。

这种公用性始终保持着自我更新能力，依然活跃于当下的乡村建设之中，如不同历史时期修建的水口建筑功能的更新与转化。在兰江流域，不少水口祠堂、水口庙都随乡村生活的改变，更替为老年活动之家，这也是中国当下乡村生活的现实风貌。

公用性还体现在水口建筑本身的空间关系上，反映了一种公共性的组织结构和意识。在社溪、甘溪等村，水口都是村民的主要活动场所，这里有的是私人捐助，也有的是村民合力集体修建，如甘溪桥等，而且一般村民大都自觉维护共享空间，在族谱族规中都有"不宜削椏砍伐，如有不遵宗法，违悖公议规则者……即行责罚"这样的记载。各类《立禁例规》中明文规定了对进山盗伐者的严惩措施，反映了人们对于水口的敬畏。

2.3.4 文化性

水口的修造是个文化现象，若不着眼于村落所在的区域环境和文化背景，不联系人们的生产生活，是很难理解的，它的形式、格局和理念是其所属文化特性的外在表现。

历史上的兰江流域，名人辈出，是浙中地区深受婺学影响的重要区域之一。兰江一带村落水口的经营和发展也是经过长期沉淀和建构，才逐渐达到一定高度的。这种情况的产生，与该地域历史上婺学的发展密切相关。由村庙桥亭和山水古木组成的水口环境，承载着众多中国民间，特别是兰江流域的历史文化和社会环境。我们可以从这样的风景里，看到传统中国的礼仪规制和伦理道德。水口也是一个被赋予了地域特色和文化内涵的意蕴场所。

在当地，许多家谱都留存了和"水口"相关的诗词、名篇，众多的村落八景和八景诗中也不乏以水口命名的题景。《金华书录》有"婺州藏书，独盛兰溪"的记载，当地文人的好学之风，也深深影响了一些乡村文化建筑。如惜字炉、齐芳书院、梅瀫书院、瀫东书院等，许多村落兴办的书院、书楼都位于一村水口，如刘家村仪三学堂和历史上的潘村云山书楼等。"云山书楼者，纯孝乡黄时高所创，以教子孙之楼也……聪明子弟诚能朝夕游玩其中，则其熏陶渐染，不翅若丹之于赤，墨之于黑矣……得之于心，会之于意。至乐莫如读书，至要莫如教之，云山书楼之作，一举二得之矣。"[①]虽然有些文化建筑由于历史原因已不存，但从侧面反映出当地兴学重教的文化传统，以文化的形式参与了环境的营造。水口是一村文化气息最集中的地方，也是村落精神的象征。

2.4 水口规模

2.4.1 单层水口

村落水口的修造，因所在环境的不同，距离各有不同，范围有大有小。不同的村落水口在元素构成、模式、大小和景观控制尺度上表现不同，按数量和层次，可以分为单层水口和多层水口。据调查所见，大多数村落的单层水口都离村较近，距离村庄较远的水口，很多情况下是多个层次水口的组合，但这个数量和层次是相对的。

---

① 《荥阳潘氏宗谱·云山书楼记》

一方面，水口与村落的大小一般是呈一定比例关系的，如"水口有远近大小，龙大则大关大锁而远，龙小则小关小锁而近"。但水口规模的增加，并非单个水口范围的扩大，而是由多个水口组合而成，表现出一种群体的组织关系。另一方面，还有些村落由于面积扩大，越过了原来的水口，也会再建一个新的水口，形成多层水口。虽然不同的村落水口在元素构成、模式、大小和景观控制尺度上表现不同，但都遵循着某种"同构异形"的原则，这类结构似乎和村落本身的尺度无关，即使很小的村子，也遵循着这样的布局之道，并总是以一定的关系组合呈现。

2.4.2 多层水口

水口，不仅是村民进出村落的交通设施，也反映着村落面貌，界定村落边界。例如，上村虽规模不大，但水口规模已大于村落几倍不止，其格局与歙县唐模类似，虽无"沙堤亭""同胞翰林坊""水口园林"那样的精妙组合，但已为此地水口极佳者。其他诸如黄店镇方村、余村、甘溪、社溪、三泉、上金、太平桥等，诸葛镇长乐、诸葛、砚山脚，建德大洋镇西坞、杨村、里黄、前岸等，均有不同类型的水口可观，尽管有些格局已不完整，仍不失为此区域水口景观的典范。潘村水口的锁洪桥、将军柱（已毁）、望云亭和岘坦水口的石桥、仁寿塔、古樟、兰源殿均离村较远；更有穆坞水口的石桥、古樟、碧莲庵实为"二三十余里"者。

上寸村位于兰江西岸穆坞源南侧的平原地带，是一个由孙氏和潘氏家族组成的自然村。村子内虽然没有起伏的山体，水口修造也缺少可借用的自然元素，但这里的水口依然"设计"得很好，是一处非常典型的结合地形的设计。上寸村水口是一组以景观设计手法著称的水口，规模很小，只有一座石板平桥，称为上寸村水利桥，樟树和曲折的溪流成为村口明显的标志，与其称为水口建筑群，不如称作水口文化景观。村子的水口有三层：上寸桥、沈村殿为第一层；上寸庙为第二层；曲溪、平桥和樟树为第三层。如此遥远的水口，与村落的格局又有何关联？

石桥

沈村殿

上寸庙

上寸村水口空间序列

屈曲回环的溪水

《入地眼图说·水口》载:"自一里至六七十里或二三十余里,而山水有情,朝拱在内,必结大地;若收十余里者,亦为大地;收五六里、七八里者为中地;若收一二里者,不过一山一水人财地耳。"水口大小与村落本身的尺度相关。《地理全书·山法大成》中也提到了村落大小与水口相称的说法:"地之大小,要看聚会。聚会大则大,聚会小则小。地之久暂,要看来龙,来龙长则长,短则暂。水口又大小久暂之关键,聚会大而水口卑,发大而后必不振。来龙长而水口浅,发而易歇,歇而又发。来龙短而水口长,一发布歇,一歇不发。"但在调研过程中,很多村子都流传着这样的传说,如樟坞村"九桥十殿",上戴村"九龙十三岗",虽然这样的景象现已不存,但反映出这种特殊的进入方式在当地是普遍流行的。多层水口的建设,不但突出了村口的形象,而且使村落的面貌有一个层次在村落内外空间的过渡及领域区分方面,也取得了很好的艺术效果。这种进入方式,组织了富有变化的入口空间,也丰富了村落景观。这在兰江流域的传统村落中有各种不同的呈现。

何以入口的过渡空间如此重要？C.亚历山大认为这种过渡创造了某种用以区分领域内外的歇息空间和准备的地方，人在其中可以改变心理状态，并借助在这种过渡空间内体验到的感觉特性的变化，来区分空间内外的特质。在《建筑的永恒之道》中，他以"一个空间称谓命名的过程"来解释此问题，并通过人由街道进入房间的例子来说明："入口的过渡空间论述了这样的事实，街上的人们是公共的心境，在他们进入个人熟悉或封闭性的住宅时，需要经过一个可以改变这一心境的区域。"[①] 在他看来，过渡空间不仅能界定领域内外之分，也在空间转换过程中达到对心境的塑造。而从视觉角度分析，迂回曲折的进入方式所引导的视觉变化，会产生画面构图的丰富性。曲折还表现在其对景观的意象作用上。

从村民角度来看，那些远距离和多层次的水口，还具有"占地"[②]的作用，尤其那些坐落在山谷入口的村庙，实际意味着村落对整个山谷领地的占有，穆坞村水口碧莲庵即是这种典型。在村民看来，多层水口的意义正是借助"占地"而获得。

2.5 水口现状

笔者通过对兰江流域传统村落水口的普查发现，除个别村落因地处偏远山区、交通闭塞，或因进村道路不从水口经过得以幸存外，许多过去盛极一时的水口，如今多不完整。特别是相对文物保护建筑来说，由于水口没有明确的景观边界，对它的保护也很困难。例如当地的许多水口半月塘，是对自然地貌进行改造的结果，人工和历史痕迹不明显，也无确切年代记载，极易遭破坏。有的村子只是保留了其中的某个小庙或古树，真正

---

① [美] C.亚历山大.建筑的永恒之道 [M].赵冰译，冯纪忠审校.北京：知识产权出版社，2002：206.
② 据调研所见，区域内这类以"占地"为目的的水口还有很多，甚至包括一些山神庙。如柱竿山庙，据三泉村村民讲述，柱竿山庙虽是祭祀柱竿山山神的庙宇，但归三泉村所用，并以此作为三泉村西部的边界。

三泉村水口新建的公共卫生间

大坞陈村水口修建的卫生间、垃圾房和配电室

保存完整的水口并不多，人们水口保护的意识比较单薄，甚至一些村民连水口是什么也不清楚。

还有一些村落的水口，正逐渐失去了它的原始功用，淡出人们视线。其中，水口建筑的改变是普遍现象，村落建设造成的破坏是目前的主要原因。还有一些水口建筑因缺乏维护，面临倒塌的危险，或只对建筑单体进行保护，忽视其所处的环境和整体格局。相对水口建筑的改变，由于家谱族规中各类禁止开山采石、砍伐风水树的规定，水口的自然元素保存相对较好。还有一些水口由于村落的整体保护、开发而得到重视，正试图开展水口的修复和恢复。而数量更多的，是处于转型期的水口，它们一方面保存相对较好，但又与当前乡村的发展处于矛盾之中。如朱家水口永安桥，便因不合理的乡村建设规划而拆除。

2.5.1 局部元素的破坏

据调研所见，局部元素的破坏，不会对水口格局产生影响、造成其特性丧失，甚至有时，在水口元素不完整的情况下，仍能利用现有环境或借助与村落格局的关系进行识别，主要表现为：

①年久失修、缺乏维护造成的破坏。如社溪村水口关王殿，至今仍存，但已处于无人管理维护的状态。②交通方式和职能的转变，造成"水口不通舟"的格局已不能适应当下公共交通的发展，如岘坦村水口因新修公路而造成的对水口山的破坏。③一些乡村公路从水口与村落之间穿过，造成进村的空间序列被打断；特别是水口区域建筑高度的增加，造成半月塘以倒影方式集结的地景消失，如刘家村水口新造的宅院恰巧位于后山与新塘之间的轴线上，完全遮挡了山体的映射范围。这些虽然对水口产生了影响，但由于其结构依旧完整，一般情况下，只需对影响水口形态的元素进行调整，便可大致恢复原有的状态。局部元素的丧失并未影响水口的识别，如新叶村水口尽管已残缺，但总体格局依然完整，文化价值依然能体现，仍不失为该区域村落水口的典范。

第二章 | 兰江流域传统村落中的水口普查

社溪村关王殿现状

花塘村路亭现状

2.5.2 整体格局的破坏

相对于局部元素来说，由于对水口整体性的保护很少形成共识，特别是水口没有明确的形状，对它的保护也很困难。整体格局的破坏，往往造成水口特性的丧失，即使借助现存的水口元素也难以识别。如朱家水口，新造的民宅、商铺、桥梁等直接跨水口溪而建，仅剩青云桥；金家村水口，据村里的老人回忆，现村口的商铺便是在原风水树基址上盖起来的。后来，村民新建了樟树娘娘庙，以替代被砍伐的风水树。如今村口还有一座东圣庙，庙前有两条溪水交汇。尽管还能通过这些遗迹线索想象昔日水口景观的状态，但由于整体格局被破坏，其水口景观几乎是不可恢复的。

这些方式，多由于对水口的历史、社会和文化价值知之甚少，在水口兴建的人造景观，不顾原有格局，造成水口格局被破坏，历史风貌逐渐散失，即使对照资料也无法进行辨认，只能通过村民的回忆和讲解，想象原

金家村水口现状

三泉村水口如意山现状

来状态，如虹霓山村、下舒村。由于缺乏对水口原有空间格局的理解，在水口兴建的人造景观，常置其真实性于不顾，"建设性破坏"现象愈演愈烈，这也是造成水口历史风貌逐渐散失的原因。就精神层面来说，根植于地方自然与人文环境的水口，虽然常处于变动之中，但由于这种变动常常只是建筑元素的更新，对水口位置、格局影响较小。所以，尽管一些村落的水口处于不断的修缮与更新中，却并不影响水口的识别。这种动态的变化本身，即时间性，正是水口的重要特征。同时，由于这类局部被毁的、不完整的水口在当下乡村更为常见，更具普适性，笔者对水口的实测研究也主要围绕这类水口进行。

第三章
水口营建机制的影响因素

3.1 传统观念的影响

中国传统村落的选址、规划和营建大多受风水思想的影响，而水口作为传统村落结构的重要组成部分，不可避免地会受其影响。风水思想的盛行深刻影响着当时人们的环境观，当风水和社会世俗生产、生活等各方面产生具体的融合与碰撞后，水口逐渐成了主宰村落盛衰、安危、财富和前程的象征，受到古代先民的重视，也使后世水口有了不断发展的原动力。

水口的重要性体现在诸多方面：在村落选址中，水口常常作为相地的第一步，"入山观水口，登穴看明堂"；在乡村建设中，尤其注重水口的建设，常常集中一村人力和财力营造水口，还形成一种带有约束性的"水口禁约"，规定人们在此的行为，并常常因此引起纠纷，如"水口合同"；古代山水画论中，也格外注重"水口"对画面空间和层次的塑造作用。从对水口地域特殊性的选取，到以水为中心而展开的建造行为，我们可以从多个方面去理解。

3.1.1 村落选址

村落选址在中国传统文化中是一种寻常的存在，城市、乡村、寺庙、陵墓乃至普通的墓葬都有这样一个过程。尤其村落水口的营建，几乎无村不卜，每个村子的家谱上大都记载了祖上卜居某地而后家族繁衍的过程。"卜居"观念可以上溯至周朝，如周公营建洛阳城。汉刘熙《释名》："宅，择也，择吉处而营之也。"宋罗大经《鹤林玉露》："古人建都邑，立家室，未有不择地者。"而风水中的相地，极为重要的一项勘查工作就是"观水"。

《葬经翼·水口篇》载："昔人谓：入山，寻水口。"古人堪舆，必入山寻觅山水地貌，缪希雍认为"昔人"入山的主要目标是"寻水口"。宋黄妙应在《博山篇·概论相地法》中也认为："凡看山，到山场，先问水。"两者所载录的择居堪舆的目标方向基本是一致的，都先关注山中之"水"，这与许多典籍所认可的"有山无水休寻地"是一致的。好的风水环境一定是有好的水源、水流和水景。《赤松余氏宗谱》中所描述的就是一种卜居的具体行为：

> "玉壶为金邑之名山，鼎峙东北，众山环拱，为郡府发源之所。山之东南，岗峦起伏十余里，而至龙山，自龙山蜿蜒而来二里许而至横山，横山之阳，土地平旷，左东山、右西山，互相回抱。去乡三十里，有隐隐透于云峰，为吾乡之屏障者，则为积道山。横山之下有二水交流，汇而为塘，名曰午塘。吾祖炳公精地理，爱此间山水之胜，遂择地而居焉。其孙惠四公于塘之下约一里，乃创立万寿祖，为午塘之水口。"①

---

① 《赤松余氏宗谱·水口万寿庵记》

"卜居"行为是传统建筑营造体系中的选址环节，古人将水系作为重点因素纳入考量，也足以说明，自古风水对于水口营造决策而言是源头，同时也是控制水口形态、格局、模式的源头。

3.1.2 以水为财

"以水为财"是中国古代传统观念中的重要观点，其最基本的内容包含了地理和心理两个层面的含义。从地理意义上看，好的水文条件在农业文明时代带来的就是真实的财富，"鱼米之乡"这一代表富饶的理想家园的词语，正是点明了水的灌溉和养殖功能所带来的物资和财富。从心理层面看，传统风水认为水为龙之血脉，是生气的外在形态，代表财源。"水有关而财可聚"，水流入即代表财气流入，水流出则意为财气流出，留水便是留财，这对古代靠天吃饭的人们来说，是一种自然的心理特征和精神寄托。

水能具体到生活生产层面，与老百姓以及一方富庶有关，于是这种观念贯彻得相当彻底，深入人心，以至于水口在各地的相地选址中普及并形成体系，成为人们关注的重点。如《会稽陈村黄氏宗谱》载：

> "堪舆家以水为财，水聚者，其地可扞可居，故曰相其阴阳，观其流泉，然溪谷浸灌，势易倾泻，而山高者尤急，不无籍乎人工之补凑。守其口者，或堤焉或梁焉，大者浮屠，而次亦必架屋以障之，此陈村黄氏水口庵之所由设也。"[①]

水系的分布和水文的状态对于村落环境、农业生产有着较大的影响，"水有关而财可聚"，除选中好的水口位置外，还必须建筑桥台楼塔等物，增加锁钥的气势，扼住关口，留住财气。此种案例不胜枚举。

---

① 浙江绍兴《会稽陈村黄氏宗谱·会稽陈村黄氏重修水口庵碑记》（清同治十一年活字本）

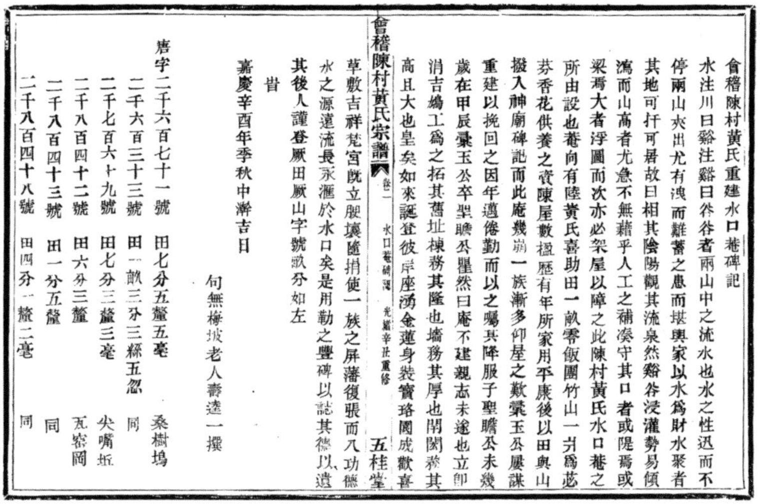

會稽陳村黃氏重建水口菴碑記

水注川曰谿注谿曰谷谷者兩山中之流水也水之性迅而不停兩山夾出尤有洩而難蓄之患而堪輿家以水爲財水聚者其地可圩可居故曰相其陰陽觀其流泉然谿谷浸灌勢易傾瀉而山高者尤急不無藉乎人工之補湊守其口者或隄焉或梁焉大者浮圖而次亦必架屋以障之此陳村黃氏水口菴之所由設也菴向有陸黃氏喜助田一畝零飯團竹山一片爲苾芬香花供養之資陳屋數楹歷有年所家用平康後以田與山撥入神廟碑記而此庵幾崩一族漸多仰星之歎彙玉公屢謀重建以挽回之因年邁倦勤而以之囑其降服子聖瞻公未幾歲在甲辰彙玉公卒聖瞻公瞿然曰庵不建親志未遂也立即涓吉鳩工爲之拓其舊址棟務其隆也墻務其厚也閈閎森其高且大也皇矣如來誕登彼岸座涌金蓮身裝寶珞圜成歡喜草敷吉祥梵宮既立腴壤隨捐使一族之屏藩復振而八功德水之源遠流長永滙於水口矣是用勒之豐碑以誌其德以遺其後人謹登厥田厥山字號畝分如左

皆

嘉慶辛酉年季秋中澣吉日

句無梅坡老人壽達一撰

唐字二千六百七十一號　田七分五釐五毫　桑樹塢

二千六百三十三號　田一畝三分三絲五忽　同

二千七百六十九號　田七分三釐三毫　尖嘴坵

二千八百四十二號　田六分三釐　瓦窑岡

二千八百四十三號　田一分五釐　同

二千八百四十八號　田四分一釐二毫　同

會稽陳村黃氏宗譜　卷一　水口菴碑記　光緒辛丑重修　五桂堂

《会稽陈村黄氏重修水口庵碑记》

刊錄水口庵院碑序

郡南背鄉也其西府諸翰林黃氏閣之前然而深奥者泉村也村派盛衍歷數代迭起人文宗自二源排列各成胎據煥然衆舉成同宅左數百丈迴龍旋伏先以豎祠於其上荷之旁隱地餘焉只鑿石拙其關地以爲庵則建庵寺之舉畢造端而地利不諧人緣乎缺於　公族何與衆自嘗年以及長壯志力過人願望者無有不滿于心所未足者履祐道之故迄耳年已七旬再思覺重乘屢亦不過爲身後之謀而建庵施田又何莫非傳後之策爰合衆而齊商之衆皆点首而云善佛何與尚典時勝位科蹟蹤而永前慨然有一番萬善之思除分內所施外委曲衆意而題化爲置家帘于常問理庵事于腹中奉凡巨細無有不經三人之嘗誠心功營亦祇期事之必就業之必成敢辭勞而告疾乎故不月餘而告竣功既竣衆勸石以垂後三公迺揖予作文以記余觀夫是庵之盛壯在公族之左前含湖山巍然而特立後依幽巷窈然而深藏藂香清流祉然而潺湲族間出八秩然而倡和卜水秀而山明稱盛自代傳而勿替辛非合利圖久遠一片裂裳灵地乎然地灵因系人傑而人傑由地灵後之觀覽者覩地之灵知人之傑宜遡其舉端者何人奮然衆勸者何輩庶不至湮沒于久遠余故樂而爲之記以示其弗忘云

閩北郡芊桂庠生劉傳芳撰

康熙五十一年壬辰歲季冬月望一日辰時豎造于癸巳年三月豎碑

何氏宗譜　序

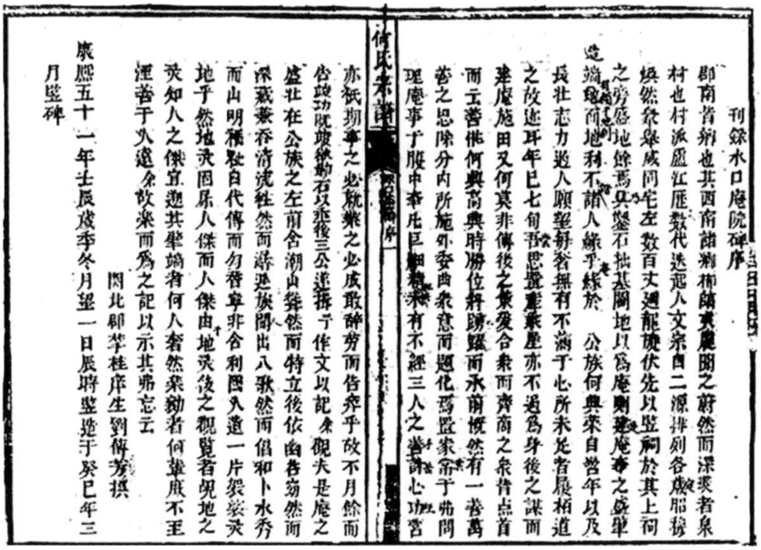

《刊录水口庵院碑序》

3.1.3　地美则人昌

“自来人以地传，地亦以人传，而豪右大家必得山川之灵秀，始能拓族开宗，子孙繁衍于其后。浦城之北有水口者，离县治三十里，北枕百向山，百向山自船山蜿蜒而来，如屏风端峙，其下为水口阳居，居民错落，鸡犬相闻。"①

"丁之繁，族之盛，胥于水口是寄。"②

传统观念里，水口形局对居住在此处的人有一定的影响。每一方水口，景致的情调比附着家族的意义，决定着村落的繁衍生息以及后代的富贵荣衰。《莲湖祖氏族谱》中"豪右大家必得山川之灵秀，始能拓族开宗，子孙繁衍于其后"，《东鲁唐氏族谱》："此地基分八卦，极协三辰，上接清泉，下依乌石，前多叠嶂，后有环城，兼之左则钟英于柱麓，右则毓秀乎道峰，而角分派之叶颂三斯者，适际其间，诚天造地设，可使万亿年之下，永蔚为望族矣……富贵于无穷，发子孙于无疆也。"表述的正是古人

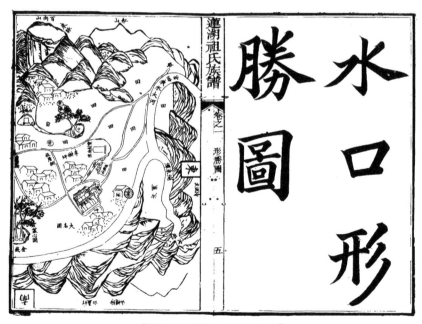

《莲湖祖氏族谱·水口形胜图》

---

① 清光绪二十五年（1899）活字本 福建浦城《莲湖祖氏族谱·水口形胜图记》
② 《荥阳潘氏宗谱·荥阳白露源潘氏阳基图小序》

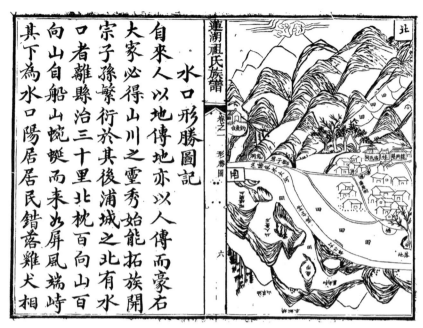

《莲湖祖氏族谱·水口形胜图记》

地美人昌的观念。很多家谱都把家族建筑的选址原则概括为"相宅阜人","以人之意逆山水之意,以人之情逆山水之情"。这种审美型的山水观照,实际成为选址的基本取向。在人与环境的关系中,传统风水观念注重的基本上不是物质环境的好坏,而是与这一物质环境相对应的人类命运,尤其在乡土社会,吉凶之说往往更具影响和说服力。

3.2 古代社会的伦理道德影响

3.2.1 文运

建立于特定血缘、地缘和宗教基础上的村落共同体,契合并满足世俗观念及现实生活的种种需要。从物质层面看,它关系到村落经济生产及发展;从精神层面论,则关乎村落及宗族更长远的兴衰。以宗族为单位的伦理意识波及大量乡村社会,村落成为民众教化的策源地。

费孝通先生说，中国的社会是乡土性的，而以水口为代表的乡土景观，正是其代表。流域内的历史文化名城兰溪作为婺学的发源地，素有"小邹鲁"之称。清嘉庆《兰溪县志》载："兰之科第蝉联，勋名槃然于朝野者，指不胜屈，是故浙东为郡八，为县五十有四，实学名儒，巍科显仕，未有出兰之右者。"兰溪文风之盛，可见一斑。竹塘、刘家、岘坦，它们都至少走出过一个进士。村落之中，与这些科举人物相关的建筑，不仅规模大，门楣醒目，往往占据一村的重要位置。

　　除选好水口外，在水口还必须架桥造塔，筑亭建祠，挖塘植树，以增加所谓的"锁钥"，以此扼守关口。在有较高人文层次的村落，还布置楼阁祠塔以"障空补缺"或"增崇"。许多水口建筑的营建都是出于对"文人不利"状况的改变，"增补文枢，更增秀气"，"一邑文风也"。这些建筑的修建加强了文化的繁荣，使兰江流域从古至今一直是文化底蕴浓厚的地方，潜移默化中使人们产生崇文的心理，将对文运的期望和心理需要寄托到塔这一景物上。因此，文峰塔的建造在兰江流域一直有着长久的影响。

　　在明朝，按惯例，凡县所在地均要建塔，作为一邑一郡一乡之华表，因此浙江民间有"无县不塔，村村有塔"之说。《相宅经纂》载："凡都、省、州、县、乡村，文人不利，不发科甲者，宜于甲、巽、丙、丁四字方位择其吉地，立一文笔尖峰，只要高过别山，即发科甲；或于山上立文笔，或平地建高塔，皆为文笔峰。"其中"巽"指东南方，这也是大多数水口所在的方位。

　　根据堪舆需要，通常会建议在村落的东南方建塔，以补地形不足。"地亏巽维，天缺乾角"。堪舆学家认为，东南洼而地轻，地气外溢难出人才，须建塔镇之。按儒学家说法，"巽"为文章之府，塔有卓笔之形，故称文峰塔，也称文星塔、文昌塔、文风塔、文光塔、兴文塔、崇文塔等。尽管各家说法不同，各地塔名不一，但都与"兴文运"相关。由于各个村落、城镇的地理环境不同，文峰塔的建造位置和数量并无定规，但它们都代表着对文风昌盛的期望，与此相关的文教建筑，也是中国传统耕读文化和道德观念的体现。

3.2.2 善举

在传统的中国社会，"修桥铺路造凉亭"历来被认为是标准的善举。兰江流域内的许多乡村，仍保留了大量这类建筑。以桥梁为例，桥梁不仅是交通设施，也是村民进出的咽喉，反映村镇面貌的窗口，界定村庄界限。修宗谱都要记桥梁，把桥梁作为地理的重要标志。

如兰溪杜岩桥，由兰溪莲塘岗何氏家族修建，始建于元代，后多次毁于洪水泛滥。莲塘岗何氏后人见当年先祖建造的杜岩桥，惠及众乡，有"既属同源，修为亦宜合一，爰是二公之裔，各捐己资，营修如故"的责任，分别于明万历三十年（1602）和民国十四年（1925）再修此桥。莲塘岗何氏的慈善义举历来被周围百姓称赞，据《瀫西莲湖何氏宗谱》载："时老者顾少壮者而叹曰：'闻此桥之建也，经四百余年矣！今其圮而复修，斯不徵何氏之世济厥美，令人嘉颂之'"。

在浙江一带的传统乡村，常有在村口建造路亭的习俗。十里一长亭，五里一短亭。路亭，既是路边供人休息的亭舍，也是衡量路程的单位，还常常是一村村口景观的核心和村落空间结构的重要节点。在村与村之间的山岭和交界地带，也常建有供过往行人和旅者避雨歇脚的路亭，如位于金华山太阳岭古驿道上的界云亭。太阳岭古驿道，始建于明万历年间，是古代翻越金华山，东至义乌，西至严州、浦江的唯一通道。沿途原有金浦寺、关帝庙和界云亭，是供过往行人歇脚的场所，惜毁于日寇侵华。后由于公路开通，古道失修。上徐村徐氏父子，三次重修界云亭。在富春江南岸的东梓关村，更有继善亭"遗命建亭"的壮举。即便在当代，乐善好施、积善行德的传统美德也在继续被延续和赞颂。如建于1997年的丰乐亭，由村中数人主事，向村民集捐资金，裕者出钱，力者出工，耗时四十余天竣工，建成后对农民劳累后歇息一时，春天避雨，夏天避炎，秋天

| 潘村 道路建设工程碑记 2006 年 | 上金村 功德碑 2011 年 |

乡间用于纪录善举的碑刻

避风，冬天避寒，实在便利。这种善举就是中国乡间最朴素的公益事业，《丰乐亭记》载："功德长存，福泽后代。雨露滋润，后人称颂"，足见此类设施的修建在民间的口碑和影响，也为了解民间集资修路造桥善举的风气提供了素材。

3.2.3 婺学

婺学，又称金华学派，是中国南宋时期重要的理学学派之一，作为中国传统学术的一个地域派别，有着悠久的历史，也是浙东学派重要的一支。婺学的得名，是因为金华古称婺州之故，学派的代表人物多为活动于今浙江金华一带的学者。

金华所在的浙中地区作为婺学的发源地，自古名人辈出，这里也逐渐成为学术地域化发展的重要区域，形成了独具特色的学术思想体系。吕祖谦，字伯恭，世称"小东莱先生"，金华人，官至大学博士、国史院编修、实录院检讨。作为婺学的代表人物和开创者，吕祖谦主张明理躬行，经世致用，反对空谈心性，其学说在理学发展史上占有重要地位。繁荣的学术氛围和众多文化因素，也影响了当地的讲学之风。自宋元以来，直至明清，区域内的许多地方都特别重视传统文教建筑的修建。以兰江流域的书院建筑为例，仅在兰溪，有史可稽者，就有二十余处。桐山后金村的仁山书院、渡渎村的枫山书院都是这类建筑的代表,书院也成为婺学思想传播的文化空间和精神场所。

在这种文化环境的熏习中,历史上的浙中地区名人辈出,仕宦乡贤不断涌现。其中,婺州学派的重要代表人物金履祥,世称"仁山先生",就来自兰江流域的传统文化名村桐山后金村。历史上的金履祥曾在兰江流域的兰溪、建德一带开设书院讲学,周边的许多村落也都受到这种风气的影响。清光绪《兰溪县志·仁山书院》载:"仁山书院,宋金履祥筑,北山何基为题仁山书堂匾。"至今,在桐山后金村村西的山岭下,仍存有仁山书院,这些文化现象都与婺学的发展密切相关。

婺学中的哲学思想、审美意趣和文化观念,也直接影响了乡村文教设施的修建,对建筑的艺术形式、美学追求和景观环境的营造产生了深远影响。反映在当地的营造技艺和理念中,表现为不追求高大的建筑形象,而是巧于利用自然地形,强调建筑群体与周围环境的合宜。在材料营造方面,崇尚材质本身的自然特性和肌理,建筑结构和木作雕饰也以强调木材本身的特征为主,表现得较为质朴。如今,区域内仍保留了大量艺术造诣极高的文化景观和建筑,它们既是婺学思想的载体,也是婺学文化的标志。

第四章
水口环境

4.1 水口环境

有必要对这里所使用的"水口环境"这一基本概念作若干解释。之所以用这个词而不是更为常见的"水口",是因为"水口环境"一词试图将讨论的问题界定在涵盖范围相对较小的环境领域,而并非水口更为广泛的内容所指。正如前面对水口概念的梳理,水口的含义常常是宽泛的、综合的,既包含"众水合流而出之处"和"关津之要"这类现实的、景象的物质环境,也包含更为抽象的,如"吉地门户"这类文化层面的表达。水口环境试图将水口的讨论主要置于建筑学语境下的环境层次。

这里笔者使用"建成环境"和"意象环境"这两个概念,来对水口环境作进一步的解释。前者指现实的物质环境,后者指文化和心理层面的非物质环境。一般来讲,水口环境的质量评判多取决于意象环境,但理想的水口环境常常是建成环境与意象环境的综合,这两个因素是相辅相成、密不可分的。意象环境决定并塑造了建成环境,建成环境的尺度、形态和空间格局等,也反映出意象环境的思想和诉求。为创造理想的水口环境,就必须将两者结合起来,水口自身的价值和意义正是通过两者的相互论证获得：既不是独立地讨论建筑，也不是独立地讨论景观，而是包含建筑、景观和二者关系在内的综合环境空间。

4.1.1 建成环境

在建筑学领域，阿摩斯·拉普卜特认为建成环境作为人类历史上的物质环境整体，是由民间的风土建筑构成的。但这类环境历来不受设计者左右，也容易被忽视，并被排除在建筑历史和理论研究之外。但这种观念提示了一种整体的看待事物的方法，巫鸿教授从"语境化"[①]的角度看待此问题，认为无视"原始语境"的研究和分类，会造成事物整体性的消除。事实上，水口的构成元素在水口整体环境的塑造中相辅相成，村村入画景象的生成，很大程度得益于其所处的整体环境。

传统上，人们将建成环境视为一种人工环境，但在不同的语境中其含义不同。在景观设计中，建成环境被定义为非自然环境；在城市规划中，该术语意味着大规模的人造环境。近年来，经济学、社会学和生态学的思想和方法被引入建成环境的研究领域，人们更多地把它看作是一种过程或社会—生态系统，涉及人、自然、空间、社会、关系等诸多领域的研究。

笔者将这个概念引入对水口现实环境的分析，尤其是在水口建筑介入场地的研究中。因为，如果只是将水口的构成元素作为考察对象，往往容易忽视其所处的环境，造成其整体性的消失。所以，在建成环境这个概念的基础上，对水口的关注，就不仅限于建筑和自然个体，还需要把与之相关的环境和村落格局考虑进来，包含对组成村落人居环境的各个组成部分；亦不能孤立地研究建筑物，还应将之看作是某种体系的组成部分，亦即建筑物是如何与山形水势，有时甚至是区域所形成的体系相关联的，所

[①] 巫鸿教授在《黄泉下的美术——宏观中国古代墓葬》一书中提及了这个概念："直至今日，欧洲和美国的博物馆很少在礼仪和建筑语境中展出中国墓葬艺术，而是习惯性地将其分散为互不相干的玉器、青铜器、雕塑和绘画等门类……其结果是，西方关于墓葬艺术收藏的讨论很少试图从其原始功能和象征性的角度解释其材质、色彩、大小、比例、风格或类型。"在他看来，将墓葬离析为以媒质为导向的分类和研究，会造成其原始语境和整体性的消失。

有这些场合均涉及"布置"。建成环境在此并非泛指水口的外部形式，也包含了更为具体的水口建筑的空间组织和布局，以及尺度、方位等方面的内容。

4.1.2 意象环境

在中国古代典籍中，很早就出现了和"意象"相关的记载。"观物取象""立象以尽意"，通常被认为是最早的涉及"意象"内容的讨论。在中国古代诗学和文论中，"意象"是一个重要的概念，被用以传达创作者的主观情意，并通过作为主体的人的心理来认知。中国传统观念中的自然山水，也常常借助"意象"衍成合于人伦道德的象征。"以人之意逆山水之意，以人之情逆山水之情"这种审美型的山水观照，经过人文转译上升为视觉之外的文化和道德。

在建筑学领域，凯文·林奇首创从心理图像，即被称为"意象"的视角研究城市的理论和方法。在他看来，"意象"的产生是观察者与所处环境双向作用的结果，是物体中蕴含的，能唤起观察者强烈意象的特性。"环境存在着差异和联系，观察者借助强大的适应能力，按照自己的意愿对所见事物进行选择、组织并赋予意义。"在《城市意象》一书中，他从体现意象的主题元素入手，以路径、边界、区域、节点和地标，作为对城市意象中物质形态研究的内容，分析了城市的形式构成与结构，提出"一个可识别的城市就是它的区域、道路、标志易于识别并又组成整体图形的一种城市。"这里使用的"意象环境"这一概念，并非套用这种观点，而是试图通过对意象环境所引导的环境意义系统的讨论来达到对水口环境的理解。

意象环境首先是一种环境意愿的表达，特别是水口自然元素的组织与选取。在调研现场，这种方式处理环境的一个显著手段，便是借助对"意象"的诉求，如心理和文化层面的调适（大量《家规》《家训》虽是思想性的，但也以规范和禁约的形式对水口环境产生了影响），使原本并非理想状态的"水口环境"变得"合理"。"意象"显示出一种强大的对环境的"解释"功能。笔者认为,"意象环境"的分析首先着眼于水口建构的象征性环境,以及那些象征性元素是如何被选取,又是如何通过特定的方式被转化的。如新叶村著名的南塘景观,便是凭据这种"意象"的真实性被认可的。

通过对区域内村落的大量走访,笔者发现,水口村村可寻,而并非只存在于规模较大的传统名村。但这些数量庞大的水口本身是有高下之分的。在当地,历来有"邓加水口"的经典说法:邓家村的水口才是当地公认最好的。再比如,三泉村水口的"鲤鱼戏水"景观,面对如此低矮的木鱼山,如果不是经过对水塘形式的夸大和特殊处理,这种景象无论如何也难以形成。所以,讨论如果不涉及更深层次的具体设计方法,是无法形成对这些景观造诣和借景手法极高的水口景观的认知的。其中的关键问题,在于如何"设计"。建成环境和意象环境这两个概念的使用,就是试图发掘此类具体设计方法。

4.2 水口环境的构成

在兰江流域,水口建筑的形式多无异于当地普通建筑,也并无慑人的体量和尺度,但匠心独运的空间处理,却产生了感染力极强的空间感受效果,形成了极具美学特征的乡土景观,综合表现为以水口亭等人工元素与水口林、水口山等自然元素所组成的环境群体。所以,"水口环境"一词意味着群体组合及整体空间环境的分析(很多水口的识别正是借助这种整体的组合关系),而不仅限于孤立的自然或人工元素,还需把导致这种现象背后的理论原则,以及如何"布置"等物质文化的要义考虑进来。

4.2.1 自然元素

山

水口构成要素的识别,实为山水择取的过程。

研究区域内山湾、丘陵分布众多，地貌特征丰富，既为水口元素的选取提供了重要参照，也为其选址提供了有利的地形。这里的每一座山都有其所属，直接或间接参与村落环境的营造，对水口山的理解，便是在这样一种大环境下进行的。

作为水口构成要素的山，称"水口山"或"水口砂"。《人子须知·砂法》载："水口砂者，水流去处两岸之山也。"村落水口一般都有两山夹峙，又称"狮象守门"或"龟蛇守门"，是水口十分重要的组成元素。水口山多位于村口，起屏挡、障景作用。黄妙应《博山篇》载："水口之砂，最关利害。交插紧密，龙神斯聚，走窜顺飞，真龙必去。"一些特征明显的山体更是通过"喝形"被直接选取为水口标志，如黄店镇水口望云山、高桂山（毁于近年来的住宅开发），社峰村水口鲤鱼山（毁于开矿）。于是，我们发现，水口构成要素中的自然元素，并非原始的"自然"，而是人工化的自然，它被赋予了各种历史典故和寓意，并经过人文的转译而得到，这些山水，承载着兰江一带过去的历史，蕴藏着深厚的文化底蕴。

望云山

水

研究区域内水网丰富，赤溪、甘溪、朱家溪、社溪等，为水口的修造提供了丰富的水环境，许多传统村落依水而建。有的村落依托水口的建设将流经村落的水系进行改造，既获得了充沛的水源，又防止了洪涝，村落周围大大小小的水塘也对给水系统和排水系统进行了分流设计，建立了完善的生活饮用和灌溉系统。水元素在兰溪古村落的景观构成中，占有举足轻重的地位。一个明显的特征就是对"势如之字"水系特征的刻意追求。

首先，势如之字，是得水要旨的重要特征。"缠裹大转大折不见水去，方佳"，"重叠周密，不见水去……其中必有大贵之地。"宋黄妙应先生在《博山篇》的"论水"中有经典的表述："弯环曲折，水格之贵；直流直去，下贱无比。"这"去脉"之水，同样有类似的"贵贱"之别，"气"的"止聚"就需要"地户"水口的"弯环曲折"。《地学简明·论水口砂》："须察其情意如何……若意情内顾，步步回头，横截逆转，而山脚复复内向逆插，则其情皆真。"以山水喻人情，是基于中国传统山水美学和山水审美意识的生成。

其次，势如之字，是生气聚财的象征。《四库全书》子集中对水口处的水流特征就如是建议："洋洋悠悠，顾我欲留"，即言水流悠扬眷恋，有不忍远去之情，顾我而欲留之。换句话说，在水口处的水流流量应大，流速宜缓而平。流量大，意味着生气旺，流速缓，说明财源聚。反过来，如果水流斜飞暴射，直窜湍急，则表示气散财亡。从生活需要看，四周的水越多，资源越丰富。水流迂回收束，屈曲如之字，是生气聚财的象征。水口之势，宜迂回收束，关拦重重。天门欲其开，源远流长而无穷尽，预示生气旺盛，财源广进而不绝；地户欲其闭，有众砂拦阻，屈曲如之字、玄字，层密截留，以聚气藏财。即《地理大全·山法全书》卷首所云："源宜朝抱有情，不宜直射关闭；去口宜关闭紧密，最怕直去无收。"

从画理角度来看，势如之字的水系客观造成了景观层次的丰富性。"峡中绘三折，势如之字，乃出活泼。"清费汉源《山水画式》。唐志契在

《绘事微言》中称这类形貌的水为"活水""贵水",是提升画面美感的重要手段。"水欲远,尽出之则不远,掩映断其流,则远矣",水体势如之字的弯环屈曲和迂回效果,与云烟一样,成为画家塑造深远空间的一种技法。"然既有水口,必有源头,源头藏于数千丈之上,从石缝中隐见,或有万丈未可知。"暗含了空间的无限深远,表现出一种远意。

4.2.2 人工元素

风水树

风水树,寄托着族人子孙繁衍的希望,也标志着捍卫村落领域的本能。家谱的开篇往往特别强调一村选址的重要性和对子孙后代的影响,而风水树则从侧面印证了这个地方的长治久安、社会稳定,也暗含了时间的久远。

从画理来看,似乎总是遒劲的老树才能"入画"。在传统的乡村郊邑,这种极简单的组合,反映出一种朴素的规划意识,表现出空间的神圣性,代表神的居所。画论中关于如何画树和画树之法有许多讨论,如形态、尺度等,都旨在表明何种形貌的树才是可以入画的。

"苍松古柏,美其老也"[①],老树带有一种普遍的境遇,在这种情境中,使人意识到自己正面对一个无名的往昔。唐岱在《绘事微言》中有"未有古寺而无古松、古柏"的描述,古木在此暗含时间的久远。"烟村野寺,多用古木以掩其半,不则不见幽深",古木还是增强画面效果,塑造空间的重要元素。如果说,早期的写实性绘画描绘大树小屋这样的景致是出于现实,那么,后期的文人画中关于这类图像的描绘则更多由画师自身感受出发,这类景致已成为一种定式。"浮屠插云,在高岩绝壁之处,松杉掩映,似有高僧隐士,栖止其上,使观者顿生世外之想。"[②]其作用,还有助于塑造画面之外的额外观想。

---

① 李渔. 闲情偶记[M]. 杭州:浙江古籍出版社,2011:158.
② 俞剑华编. 中国古代画论类编[M]. 北京:人民美术出版社,2007:862.

前方村水口林

　　另一方面，也源于"树大有神"的民间信仰和社树崇拜。土地神祠边侧种植树木的传统在中国已有十分久远的历史，很早就成为一个土地崇拜的重要生态景观。此树称"社树"，"建木在广都，众帝所自上下。"上古以大树为沟通天地之工具；既然土地神祠是神的居所，故在社中，依社树登天而与天神沟通，是地祇以其地之明而上通于天之阳的本分，于是种植"社树"或依原生大树而立"社"，使土地神有一上下贯通的桥梁，实属中国庶民土地信仰的必要措施。而从传统风水观念的角度看，风水树关系着全村的命脉。几乎各村的家谱都以禁约、例规的形式规定了保护措施。

　　"自义问公起，朝代数来三十二代矣，因于来龙山场树木不得聚禄，而子孙尚未依旧为根源，既之，同治甲戌年间，嗣后欲意聚禄水口树木,不得铲削山场祖坟基,损害阴功,子孙不能上达,意为本心,其意一也。"①

"一、合族公议龙口塘塄松樟等木。一、上阶沿龙梗地,上有老樟木一株。一、东北园笨小塘边,地上有大枫木一株。概入敦睦堂众会,培植留养,立有字迹,批明在谱存证。不宜削桠砍伐,如有不遵宗法,违悖公议规则者,合族共去攻之,即行责罚。此为通族来龙水口,尤关紧要,宜其木林叶茂高大为佳……即将本族一切水口来龙古木一一备刷存谱,遗禁俾后世子孙知其所贵重云云。"②

通过将"嗣后欲意聚禄水口树木"和后世的发展联系起来,可促使村民保护水口周围的山林,也可强化村民护林保"龙脉"的意识。

半月塘

在兰江流域传统村落的营造和规划中,水塘的地位至关重要。它往往处于一村的中心,形如半月,俗称"半月塘",也称"风水塘",有时还被冠以"砚池"的雅称,与兴文运有关。

据实地调查和考证,区域内的许多村落都建有半月塘,并以此形成一村水口的主要特征。由于这种现象极为普遍,"半月塘"几乎成为兰江流域传统村落水口的标志和代名词。半月塘的修建,一方面,是因为村落距水源较远,引水挖塘,可以满足饮用、浣洗、灌溉、消防等生活所需;另一方面,也正合"塘塘蓄水,足以荫地脉,养其气"的要求。"水"是财源和吉利的象征,建"半月塘"正符合"贮水聚财"的考虑。

如兰江流域的孟湖,也称孟塘。《孟塘赋》载:"塘以孟名,巨浸庞然……能活嘉禾灌溉,何止千亩,预防凶岁,濡沾不知多年。"孟湖为这一带百姓提供了休养生息的生活环境。上孟塘村有"孟湖八景",下孟塘村有"孟湖十景",西胡村有"西胡八景",都是对孟湖周围乡村生活场景

---

① 《杨塘东坂叶氏宗谱·叶氏规例具载于后》
② 《濲溪吴氏宗谱·立禁例规》

的归纳。再如莲湖,由于周边百姓世代居住在莲湖旁,各村对祖上认可的莲湖历史渊源也都有所认知,各自的村名前面往往要加莲湖两字,如莲湖莲塘岗、莲湖上戴、莲湖石宕坞等,而上戴村的土名就是"莲湖",吴宅口村也称"莲湖坞"。

半月塘这样的水景特色和意义在各类图记叙述中也非常突出。《平阳五湖舒洪二宗家谱·午塘阳宅图记》记录了午塘村以"塘"命名的原因:

> "宅以塘名志地也。古者胙土则必命名,别其地也。之江以江名省,潦溪以溪名县,其地之大小不同,其命名取义一也……究其名之所自,眆近宅东有塘,名曰大午塘,方而阔,窈而深,三十余亩,乃袭其名名之也。"

这种以"塘"命名的方式,既反映了村落的生产生活和文化民生,也显示了一个家族的迁居和生活史,更强调了水塘承载的家族意义。

此外,流域内现存的家谱也保存了大量和半月塘相关的文本资料,大多被记录在以"八景""十咏"命名的诗词题记中。并且有一些村落特别专注于以"半月塘"为创作主题的题咏。如刘家村水口新塘将其修筑成"鲤鱼"形,并形成"刘家十二景"中的"新塘风凉"一景;砚山脚村水口"圣塘"倒映砚山的景象,也是出于这样的象征意义,既是对一村景观的描绘,也体现了乡村生活的惬意场景。此外,横塘村"横塘八景"中的"横塘鱼跃",倪家村"金湖八景"中的"半个月塘"等,也都是这类景观的典范。

兰江流域部分村落八景题咏中的"半月塘"

村落名称	八景	半月塘	村落名称	八景	半月塘
黄店镇	佑塘八咏	澄湖浸月	长乐村	砚山八景/金氏八景	泉塘垂钓/泉塘春水
诸葛村	高隆八景	菰雾霁月	芝堰村	芝堰八景/芝堰十咏	砚潭垂钓/砚潭钓雪
砚山脚村	砚山十景	圣塘漾月	胜岗村	胜岗八景	珠塘垂钓

续表

村落名称	八景	半月塘	村落名称	八景	半月塘
樟林村	樟林八景	梨湖秋月	邱村	邱村十景	胜塘鱼跃
水阁村	水阁八景	鱼塘钓月	横塘村	横塘八景	横塘鱼跃
井头张村	井头张十二景	凌塘印月	上孟塘村	孟湖八景	孟湖鱼跃
露源村	露源八咏	佑塘观瀑	下孟塘村	孟湖十景	东湖秋雁
西姜村	西姜八景	月池晚荷	永昌镇	永昌八景	徐塘归雁
杨塘村	杨塘八景	瑶池晚烟	下汪村	珠山八景	鱼塘晓波
姚村	潆溪十咏	石塘观社	溪源村	云源八景	碧潭毓秀
刘家村	刘家十二景	新塘风凉	上戴村	莲湖八景	莲湖夏舫/南塘晚钓

此外，它们还常以倒影的方式集结周围景致，塑造景观，表现出极高的美学价值，尤其体现为对大尺度地景的控制。由于其涵盖的范围极广，有时足以控制整个村落，往往又构成一村景观的核心。这样一种景观形式，由于此一区域"半月塘"的普遍存在而处处可见。半月塘引导的景观还对村落景观的连接具有重要作用。一部分村落，以同一地景元素为借景对象，既成一村之景，又增加了村落间的关联。特别在大一点的环境中，一旦"半月塘"成为中心，便在周围环境中扮演了联系的角色。由于这类现象极其普遍，有些水塘，虽然相距遥远，也常具有类似功能。通过这样的方式，半月塘被再次强化。

第五章
水口建成环境的营造

5.1 水口建成环境的营造

　　传统村落水口营建的各个环节，均以风水思想为指导，探究建筑与山水格局的配合与协同。但依此并不足以剖析具体的营造手段，如水口环境的空间组织（尺度、形态等），包含着更深层次的设计手法。在中国古代涉及建筑如何选址和设计的领域，常有"大小合宜"和"布置各得其所"这样的论述。面对具体的场景，这些看似"合理"的解释，却并不提供具体的操作方式。事实上，这些所谓的"合宜"的讨论是可以更进一步讨论的。王澍教授多年前就提出"自然建造"作为应对这种现象的方法。"建成环境"和"意象环境"都可以表现为更进一步的指导建筑设计的方法。

5.1.1 百尺为形 千尺为势

　　"女埠双塔"是兰江流域女埠街道下潘村东南"永龄塔"和岘坦村水口"仁寿塔"的总称。虽被称为"双塔"，但由于两者距离很远，以至难以观测到双塔整体并存的风貌，"双塔"实际指代了其所涵盖的更为广泛的心理视域。事实上，中国很多地方都有建造双塔的习俗和以双塔著称的景观。以浙江为例，离女埠不远的梅城严陵八景，即有"双塔凌云"，余杭有"双塔耸秀"，江山有"须江双塔"，它们常常成为一地景观的代表，并且由于两塔之间常常保持很远的距离。"双塔"一词，往往既指塔本身，也指代其涵盖的景观区域。如"双塔凌云"，既指隔江相望的南峰、北峰二塔，也包含兰江、新安江、富春江三江汇流及所集结的山水格局。

"女埠双塔"之所以引起笔者的关注，主要在于其高度的差别，一座五层，一座七层，这在浙江现存的双塔景观中是不多见的。资料显示，永龄塔建于明初，为楼阁式砖塔，六角五级，高约23米。仁寿塔建于明万历四十年（1612），亦为楼阁式砖塔，六角七级，高约33米，两塔同为风水塔。据考证，永龄名庭椿，生于元末，造塔事迹已无可考。当地流传下潘村似"船形"，故潘村百姓造塔以示船桅，象征鼓起风帆让船开动。从方位上看，两塔都位于村落东南，即巽位，造型也无差别。

事实上，传统风水思想特别强调选址的重要性和意义。在研究区域内，几乎所有的家谱，开篇即提及其所处环境的意义。但通常关于选址后，如何更具体地进行建筑设计则较少涉及。那么，前后临近的两座村子为何会在塔的层数上出现差别，这种差别，又是依据什么原则确立？显然需更深层次的解释。浙中地区现存的双塔景观，大多高度相同，且多为七层，这种差别只在江山市须江两岸的双塔出现。

江山双塔，又称须江双塔，在江山市城北5千米处须江两岸，隔江对峙，东为百祜塔，西为凝秀塔。百祜塔始建年代不详，约在明代以前，现塔建于清道光二十六年（1846），六角七级，高约24米。凝秀塔建于明万历三十四年（1606），清道光二十六年（1846）重建，六角九级，高约30米。在现存和双塔历史有关的文本资料中，江山进士徐霈（约1511—1600）所著《百祜塔碑记》是保存较早的：

"我邑虽僻陋，而山水颇胜，结根自西南，逶迤数百里，至须川乃胎息焉，遂建为县治。南有景峰突起，若宾主然，乃于兹山建塔以

第五章 | 水口建成环境的营造

江山市　须江双塔

标之。须之水自西来，回旋于县之东北，故水清而驶，号为"文水"，游人恣玩焉。惟北无水口为障，乃于县之十里两山夹处造一塔于上，望之如莲花浮于水中，荡漾可爱。自有此县，即有此塔，不可一日无焉者也。近来，二塔俱坏，而北塔则上侧旁穿，其坏尤甚。故尹兹土者住住不利，士子二十年无科第，人皆咎之。生员何应龙等以是告于本学文谷公，偕谒我侯见田翁，曰："天时人事相符者也，今官敝而士蹶如此，岂皆庸琐龌龊不自振拔矣乎？或者南北二塔坏，火焚而水泄故也？失火焚则木燔，水泄则精竭。文明之象澌矣！"我侯蹴然而起曰："余之责也。"乃毅然首倡，诸大失从而和之。卜日鸠工，二塔并举，期月告成。南北遥望，如车两轮，改曰："百祜"，名实相应。是年秋，生员果中乡试。又明年，我侯征书交至。佥告余曰："塔之有征如此哉！我侯之功也，不可以无记。"遂书其事以镌于石。"①

---

① 清同治《江山县志·百祜塔碑记》

文中记载了须江双塔所在的位置，是江山的水口，隔江对峙的两座小山是水口山。清同治《江山县志》也有"百祜塔，在县北水口山"的记载。然而，查阅关于塔身高度和层数的资料，并没有提及凝秀塔高九层的原因，多为从其达到的效果进行的描述，如《重建双塔碑记》："距城北十里有双塔焉，东曰'百祜'，西曰'凝秀'，双尖夹峙，高出云表，若捍门然。"《水口山记》："东西对峙如门户"。《双塔落成诗》："城北十里水之浒对峙。"明万历三十二年徐可求《凝秀塔记》中也有关于双塔"华表双峙"的形象记载。双塔的修造是出于"惟北无水口为障"，"建双塔以镇（锁）之"的需求，而双塔高度的差别可能是对水口"双阙"的模仿。

由于双塔所在山体高度的差异，同样层数的塔很可能满足不了"双阙"的形象。于是，山体形象成为塔身高度的重要参照，为了能在两者间形成平衡，九层高的凝秀塔，正是用来补充山体低矮的地形缺陷，以使两者在总体视觉形象上保持一种平衡，建立起水口"华表对峙"的视觉形象。

从这个角度看女埠双塔，似乎不难理解。永龄塔所在的石岩山，实际只是一座村郊孤立的低矮土丘，远望甚至和塔差不多高。而仁寿塔所在的塔山，则是一系列山脉的延续，从任何角度看，对仁寿塔的欣赏都是以群山为依托。环境的不同，很可能是造成其层数差别的原因。因为很难想象一座比山还高的塔立在上面会是什么景象，这大概有悖于常理，不符合人们观念中塔应造在山上的固有经验和先验模式，美感的生成也得益于这种令人舒适的尺度关系。这其中似乎存在着某种关系，即那些所谓"如画景致"的生成是否需要发生在一些"特定的尺度关系"和"永恒不变的经久模式"的前提下，正如美学对"美"本身的讨论。

"凡安寺观大小，亦宜视山之深浅，林之厚薄。设桥亦然。"山体、林木的深浅厚薄成为寺观大小的参照标准，依照此理，女埠双塔所在山体的大小成为判断塔身高度的重要参照。

第五章 | 水口建成环境的营造

下潘村　永龄塔

岘坦村　仁寿塔

王其亨教授从"风水形势说"[①]的角度出发,论述了古代中国建筑外部空间设计的处理方法,并解释了它们相反相成、对立统一和互相转化的辩证关系及相应处理技巧。"形",是近观的、小的、个体性的、局部和细节性的空间构成;"势",则是远观的、大的、群体性的、总体性和轮廓性的空间构成及其视觉效果。强调"百尺为形,千尺为势"作为外部空间构成的尺度权衡基准,"势可远观,形需近察"的观看角度和审视方法,与画论"远看取其势,近观取其质"实际是同一视角。正是它们两者之间都以相似的原则和审美标准来处理景致,形成了相似的判断标准,所以"景"与"画"之间很容易直接建立关系,进而变得可以互相转化。"女埠双塔"的外部空间设计,尤其是远景效果,就建立在"有势然后有形"的基础之上。先审视山的尺度,然后由此决定它的形制,以营造出与山体大小相宜的关系。

形与势的尺度限定,是基于空间构成在近观与远观时的知觉效果。"百尺为形"对单体性的空间构成,还具有体量尺度的制约意义,这正是建筑体量"大小相宜"的理论依据。"千尺为势"用于限定群体性的大范围空间围合及远观视距,也同样具有科学性。依照此说而营建的各类建筑物,实际是同自然景观在内而加以思考的。换言之,也包括对自然景观构成的"形"与"势"的评审、选择,并着意结合建筑而有机地予以整体协调组织。风水中很多关于形胜尺度的描述,很多都是直接针对自然景观构成上"形"与"势"而引发的。王其亨教授在《风水理论研究》中论述了利用风水塔耸拔的形象,作为"通显一邦、延袤一邦之仰止,丰饶一邑,彰扬一邑之观瞻"的标志建筑,用以"陪风脉、纪地灵、壮人文、正风俗"。水口建筑,往往都以"百尺为形"的尺度控制处理,其选址和造型技巧的丰富,具有很高的建筑学意义。如果说女埠双塔的例子还不足以充分论证这种关系,一个显著的例子是社峰水口营造过程中关于桥体形态与

---

① 王其亨等.风水理论研究[M].天津:天津大学出版社,1992:140.

周围环境关系的具体描述。

社峰村位于兰溪市永昌街道，村中有一山称社峰，村以峰名，世居吴姓。社峰村坐西朝东，永昌溪流经村东南部，是典型的理想环境。

"按：社峰脉势，发祖于白佛过峡，明因之岩，传送夏家之垅，起伏蜿蜒，八宝何楼诸峦转折飞舞而来，结为始祖阴垗，直走溪滨，复辟为通族阳基。凤树虎表，雄踞其后，东畈开阳，其前黄沙插笏于天门，石岩拥塞于水口，西湾为之华盖，满塘岗为之护龙，溪流环绕为之襟带，即远而永昌貌殿等处皆为捍门重锁，此形家所称最胜之宅兆也。"①

社峰的水口在村南石岩山脚下，由文昌阁、关王殿、文武桥组成。关于水口营建的原因，《社峰吴氏族谱》载：

"本族阳宅坐西向东，水法自北趋南，龟山后镇长蛇交锁。所谓金羊会癸甲之灵者也。瀫西形势，吾族实称最焉。但巽巳丙三方虽有黄殿山特立为捍门，而内地平沙旷野，似为空缺，愚不揣形倡议宜为补障……于崇祯四年辛未间，偕予五人各捐己资，据众当得七十余人，共襄厥事，议建石桥以为关锁，东镇文昌阁，西峙汉寿亭侯庙，庶尽形势之胜……赖吾侄希孟、云章相与戮力而阁已成焉，其石桥已建于顺治癸巳秋，而寿亭侯之庙尚缺如也。"②

这段文字描述了社峰所在的地理环境和水口"内地平沙旷野，似为空缺"的环境缺陷，并提出东建文昌阁，西峙汉寿亭侯庙，中连石桥，形成风水上的关锁，来弥补这种缺陷。

---

① 《社峰吴氏族谱·附谕俗琐言》
② 《社峰吴氏族谱·社峰志略小引》

社峰村水口营建大事年表

公元纪年	历朝年代	营建大事记
1253—1258 年	南宋宝佑年间	始祖吴文仪卜居社峰
1631 年	崇祯四年	文昌阁成（有前后两殿，前祀文昌帝，而以后殿为观音堂，祀观音诸佛）
1653 年	顺治十年	建石桥以为关锁
1784 年	乾隆四十九年	议建新庙于水口之西，以成先人之愿
1815 年	嘉庆二十余年	文昌阁毁（栋宇敧倾，正殿势已就圮，惟观音堂尚可以栖僧人）
1818 年	嘉庆二十三年	重修关帝庙，后毁于蚁害（嗣缘白蚁生灾，甫十年而榱栋倾颓，竟成空址）
1821 年	道光元年	重修文昌阁、关帝庙（以费用浩繁，支销不济，遂致中止）
1848 年	道光二十八年	重建文昌阁
1851 年	道光三十一年	重建关帝庙
1928 年	民国十七年秋	依照先辈遗愿，建成广宽三孔石拱桥
20 世纪 50 年代末	—	"大跃进"时，水口被毁

社峰村水口营建大事年表，统计了社峰村水口文昌阁、汉寿亭侯庙和文武桥的历来状况，从中可以看出，祖辈们希望的水口营建并非易事。此外，由于各种原因，社峰水口的修造持续百年之久，一直处于不断的修复和重建，这些过程，在各时期的家谱修缮中均被详细记录。其中，一个有趣的现象，被记录在 1857 年的《咸丰丁巳岁修谱附记》中：

"文昌阁旧制恢廓，有前后两殿，前祀文昌帝，而以后殿为观音堂，祀观音诸佛。至嘉庆二十余年栋宇敧倾，正殿势已就圮，唯观音堂可以栖僧人。道光纪元岁次辛巳（1821）合众捐资修造，始议于桀阁上建重楼以供奎宿，而于南首先建侧厅三楹，以安神像。采办石柱悉已运归,以费用浩繁,支销不济,遂至中止。自是后殿亦复渐倾。住僧散去,而匪人乞子群然偃息,于其中过之者,每为之触目伤心。至戊申冬(1848)复有倡兴重建之役,议改栱阁为平殿,俾后易于修理。而后殿与旁屋皆构造完备,重慕僧主持焉。族中乐善者又捐田租给僧,以供香火。与关帝庙东西对峙,并有鼎新之象,惟虹桥可为锁钥,尚待修建。前洲近被水冲坍,尤资培筑云。"①

对照乾隆年间的《社峰志略小引》,会发现文武桥的形象在此发生了改变,由"石桥"变成"虹桥"。而根据文献记载的社峰村水口修造原因,只是出于"补障",只是"建石桥以为关锁",而并非"惟虹桥可为锁钥"。这种转变的原因也记录在家谱中:

"虽然东西两庙今已告成,洵足关锁水口,而石桥平窄,尚非壮观,倘能改造卷虹,跨竿于中流,与两庙鼎峙,矗似三峰,更足占形胜,而裨益尤多。"②

将石桥改为虹桥的原因,归咎于"石桥平窄,尚非壮观"。虹桥的形态还能与文昌阁、关王殿形成一种矗似三峰的鼎峙关系,基于桥体形态的考虑是不言而喻的。与此较为接近的实例,在王其亨教授关于清泰陵神道"大红门"③选址的研究也有提及。由于种种原因,社峰村文昌阁和关王殿均已无存,我们只能借助和文武桥相关的文本资料以及现状,来讨论它们是如何介入环境的。《社峰吴氏族族谱》中的"石岩拥塞于水口"描述了

---

① 《社峰吴氏族谱·咸丰丁巳岁修谱附记》
② 《社峰吴氏族谱·社峰志略小引》
③ 在《清代陵寝风水:陵寝建筑设计院里及艺术成就钩沉》一文中,王其亨教授通过对泰陵前区神道因风水原因而未设石像生引发的皇帝与臣工抵牾事例的研究,以及实地考察,论证了龙凤门的配置,是"建筑配合山川形势"的深思熟虑。前拓或后移,都难以得到完美处理。在这种情况下"泰陵甬道系随山川形势盘旋修理,如设立石像生,不能依其丈尺整齐安供,而甬道转旋之处,必有向背参差之所,则于风水地形不宜安设。"

社峰村水口石岩山,山脚为文武桥

文武桥

永昌溪

社峰村水口所在的地理环境和山水形貌，石岩山也成为识别社峰水口的重要标识。在社峰村村口，这种景象表现为石岩山和永昌溪交汇形成的狭窄地貌。而文武桥所处的位置，正是两者交汇形成的天然驳岸。现存的文武桥，建于民国十七年（1928），长22米、宽3.4米、高3.2米，是一座三孔石桥。由于乡村公路的修建，文武桥已不再发挥原有的交通职能，被密林遮掩。石岩山脚下关王殿的位置也被新建的民房侵占，但格局还依稀可识。

石岩山经社山、上宅山、下山，自北向南一路蜿蜒，在与东侧曲折环绕而来的永昌溪交汇处，山势渐缓，并向溪水探头，形成自然的坡脚和天然石矶，构成一幅西高东低的山水小景。这种地形本身已是极美的，如绘画般。社峰八景以"溪滨野碓"一词概括其风貌，有"一带穿郊锁社峰"[①]

---

① 明包德怀《八景七言绝句·溪滨野碓》

的美誉，并载于《社峰八景图》。

在此基础上，跨溪而建的文武桥，实际是作为石岩山的一部分，参与到这种构图形式的整合中来。像山脚自然生长的石矶，填补并延伸了石岩山的形式，也在石岩山与永昌溪间建立起一种连接，并加强了两者的关系，从而共同形成一种空间的围合。虽然这种原因，是基于风水"障空补缺"的观念。但文武桥形态的转变已说明，建筑外部形态显然是介入场地的重要内容，不仅表现在建筑之间，也反映在和周围环境的关系上。这样类似的手法在相距不远的岘坦村水口也得到了体现。

由仁寿塔、兰源殿等组成的岘坦村水口建筑群

岘坦村位于岘坦源，是女埠街道的一个自然村，水口由仁寿塔、兰源殿、听琴亭和古樟等组成。从整体格局看，东侧塔山和西侧五两平围合出整个村子的入口，溪水从两山间蜿蜒流出，并在山在与溪水交汇的地方形成自然的坡脚，虽然兰源殿与塔山的间隔很大，但整体介入场地的理念和构图法则并无改变。兰源殿的高度仍然符合塔山形象的自然延伸，从而保持了这种均衡的视觉关系。在另一种地貌中，这种选址方法也得到运用。方村，是兰溪童家源的一个小自然村，规模不大，呈西北东南走向，坐落在三面环山的山坞中。村口南部延绵的山脚下建有小庙，庙旁植有古樟，是该村的水口。由于遵从这种构图法则，水口的庙宇和樟树从外观上看，

都极易被当作山体的一部分，消隐在山体形势延伸的构图中。这种形象在杨村水口青云桥表现得更明显，青云桥为半圆形单孔石拱桥，东西走向，横跨在大洋河上，长 14 米，宽 4.5 米，高 8.6 米。从外观看，桥和山形成一种形势上的补充和延展关系，虽然尺度很大，也极易被当作山体自然延伸的一部分，消隐在整个环境底图中。在新源、穆坞、井坑都能看到这样的做法。

通过大量实地观测可以发现，这些水口建筑大都安置在山的坡脚，所处位置大多为风景极佳之地，往往以小尺度的、宜人的民居形象出现。从自然地理学的角度看，山的坡脚往往是山水交汇的地方，这种地形本身是带有美学色彩的。画论中关于这类地貌描述的辞藻举不胜数，如山标安亭、水边留矶，既是对形胜之地的场景描绘，也提供了某种组合模式，甚至还表达了一种设计方法，提示了不同空间地貌状态下的建筑类型。这种格局本身就已悉符画本，古木和古庙，皆古画中的粉本，带有美学

杨村　青云桥

方村　土地庙

色彩，也包含了山水美学的审美理趣。而对照家谱资料，这些地方也常常是风水中提及的"障空补缺"处，在现场这些"缺"的地方表现为设计场地。

在此基础上，水口建筑的增设，多是对地形的补充，将建筑外部形态介入山水构图并通过对自然地貌的延续、模仿，赋予地形新的意义，成为环境构图的一部分。从规模看，不是独立的建筑单体，而是建筑群，或环境群体，其核心理念便是"如何与自然相处"，同时也加强了山与水的关系。从这个角度看，在这个场地的建筑具有整合环境的意义，是增补自然的。如社峰水口文武桥由"平桥"到"虹桥"的转变，正是给景观的生成赋予了一种具体的形式，但这类转变是建立在建筑环境和山水形势总体权衡的基础之上的。这种选址观体现了有意呼应周围环境特征的地理学手法和山水审美意识，建筑一旦脱离整个环境系统，很难成为景观。

5.1.2 半月塘与村落理景

半月塘与村落理景,并非单独的景观经营,而是一系列包含建筑和景观在内的综合环境空间营造艺术。在兰江流域的传统村落中,半月塘倒影山体形成的水口景观,以其独特的处理手法,承载着当地的乡俗和历史文化,也成为这个区域水口理景的重要特征。在这种对山水景观的追求和营造中,"借景"是其常用手法,但不同于中国传统园林的借景,半月塘"借景"往往面对的是更为宏大的实景山水,景观建构的法则与传统造园的模拟自然不同,很大程度是以环境本身的特性为基础,表现为对自然地形的疏导、利用和人工加以改善,更强调"自成天然之趣,不烦人事之工"和"因籍自然"的观念。

景象的选取,一方面,源于对理想图式的追求;另一方面,也基于村落自身的方位、朝向、格局和环境特性。人们通过各自方式刻意营造的这

三泉村木鱼山

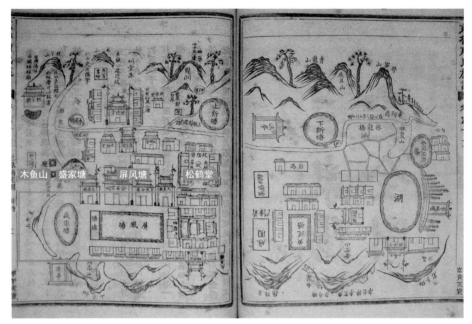

《东鲁唐氏宗谱·三泉阳宅图》中的松鹤堂、屏风塘、盛家塘和木鱼山形象

种景观，实际都是出于一种心理和精神层面的文化诉求。并且，由于不同村落环境和山水地貌的差异，半月塘理景的范式也纷杂多变。一些村落的环境，即使并不理想，也会通过各种方式巧妙化解，从而达到对理想模式的追求。

三泉村水口盛家塘的理景艺术，即是这类景观组合的典范。三泉村位于柱竿山南麓，是兰溪市黄店镇的一个自然村。村子四面环山，西侧有屏风塘、盛家塘两口水塘相连，为该村风水塘。村落格局呈东西走向，主体建筑也环塘而建，并形成以水塘为中心，环绕分布的格局。

从外观看，盛家塘是一个东西走向的水塘，南北分别被和合山、如意山夹峙，水塘东侧为村落，西侧为木鱼山。在位置的经营上，盛家塘与木鱼山处于一条轴线并形成对景，水域面积也由西向东逐渐增大。这种呈放射状的水塘形象显然是经过特殊处理的。从功能上看，东部邻近村子一侧的水域面积较小，可以节省空间，减少对村内土地的侵占。从空间营造的

第五章 | 水口建成环境的营造

盛家塘面积过小,不足以倒映木鱼山

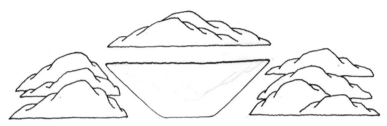

利用透视原理,既节约村内土地,又倒映木鱼山

三泉村盛家塘与木鱼山的组合关系

三泉村水口盛家塘中木鱼山倒影形成的"鲤鱼戏水"景观

艺术效果看,水塘外侧的部分逐渐扩大,特别是在靠近木鱼山的一端达到最大,可以使整座山体倒映水中,形成舒适的画面感。这种利用"透视"手法处理的水塘形象,使原本狭窄的水口空间,在视觉上形成一种扩大的感觉,既增加了水塘的进深,获得了较大的空间效果;也烘托了木鱼山的形象,并以此形成一种新的组合关系。在当地,村民将木鱼山视为"鱼",盛家塘视为"水",木鱼山—倒影—盛家塘的景观组合,正暗含了"鲤鱼戏水"的吉祥意义。

事实上,如果单看木鱼山,只是一座十几米高的小山,这种尺度在三泉村周围的地貌中并不起眼。木鱼山形象的增大,正是借助盛家塘巧妙的空间处理。村民在塘外靠近山体的一侧建造堤坝将水位抬升,从而使观者由村内望木鱼山,只能看到山体上半部分,木鱼山的山脚被隐藏。这种暗含虚实手法的空间艺术处理手段,在中国古代的山水绘画中,也常被用来突出山体形象的高大:"山欲高,尽出之则不高,烟霞锁其腰,则高矣。水欲远，尽出之则不远，掩映断其派，则远矣。"①抬升的水面取代"烟霞"，也无疑成为塑造木鱼山高大形象的重要手段，彰显了东方哲学的哲理精神。在《东鲁氏宗谱·三泉阳宅图》中，盛家塘与木鱼山的形象被描绘成一种围合环抱的关系，以强调它们作为一种组合的整体性。三泉村水口理景的"鲤鱼戏水"形象，也在这种组合关系中获得。

尽管"鲤鱼戏水"的景观历史悠久，但与之相关的文本资料却凤毛麟角。查阅许多资料，也没有发现与之相关的直接记载，但结合大量实地考察和族谱中的图像资料及村民所述，其刻意经营的手段已不难看出。这样高水平的水口理景艺术案例，在整个区域还有很多。但凡有水塘的村子，几乎都有所涉及，并根据各自的特点和现状，远借或邻借名山，形成一村水口景观的核心。而这种以水口半月塘为重要元素，巧借远山入村的空间营造技艺，也成为兰江流域传统村落水口理景艺术的重要特征。

这类以"倒影"方式生成的水口景观大多经过精心设计，是一种有意识的安排，修建时的地景因素，都成为半月塘位置、形态和格局的参照。基于这样的前提，半月塘不再只是一口独立的水塘或景观个体，而是代表了一种"半月塘和地景"的模式组合。地景，在此被理解为大环境尺度的景观艺术。这种看似自然的场景本身，实际隐含着一种特殊的地景关系，它们共同塑造了一村水口的基本特性，并暗含了水口构成的普遍结构，尤其体现在它们的关系组合中。

半月塘以倒影的方式集结周围景致，塑造景观，引导和激活了地景艺术，在地景的集结中扮演了重要角色，成为将自然转换为"文化地景"的媒介，并使水口的特性明显化。同时，地景也因半月塘的出现而获得价值。从这个角度看，半月塘揭露了隐伏在既有环境中的意义，涵盖的景观范围不仅包含其本身，还体现在对大尺度景观环境的控制。诺伯舒兹在《场所精神：迈向精神现象学》一书中，从地景的角度探讨了这种景象是如何生成的。在他看来，只有自然的形象化、象征化以及集结，才能将环

---

① 俞剑华. 中国古代画论类编·山水·林泉高致. 北京：人民美术出版社，2007：640.

境中隐伏的既有结构揭露出来。"象征化意味着一种经验的意义被转换成另一种媒介。好比自然的特性换成建筑物,建筑物的特质明显地表达出自然的特性。象征的目的在于将意义自目前的情境中解放出来,使之成为文化客体,可以成为更复杂的情境要素,或被转移到另一个场所。"[1] 地景的

柏树园村　由门前塘遥望道峰山

---

[1] 诺伯舒兹.场所精神:迈向建筑现象学.施植明,译.武汉:华中科技大学出版社,2010:17.

第五章 | 水口建成环境的营造

柏树园村　宾峰堂和门前塘现状

柏树园村　宾峰堂

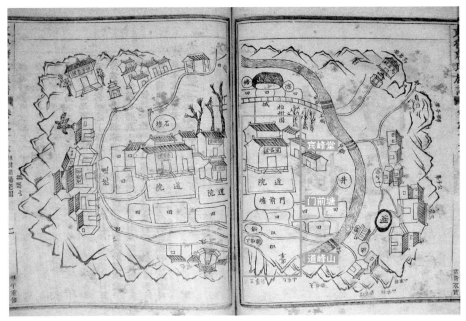

《东鲁唐氏宗谱·柏树园阳宅图》中的宾峰堂、门前塘和道峰山形象

生成正是借助了三者的关系,创造了一个适合自身的宇宙意向,并使得它们所在的环境具体化。从另一个角度看,集结的地景也全靠象征,正是借助场所之间意义的转移,才使得该场所成为一个存在的中心。由于其涵盖的范围极广,有时足以控制整个村落,以至于常常产生一些千里之远的轴线和地景艺术。

在《东鲁唐氏宗谱》中,通过记录一座名为宾峰堂的建筑选址、定向和营造,描述了与之相关的地景艺术。柏树园村坐落在三泉村东北的丘陵地带,也是兰溪唐氏家族的聚居村落。村庄规模不大,民居都围绕宾峰堂,朝向西北而建。作为这个村庄最重要的建筑,宾峰堂、门前塘和道峰山形成的地景组合,也成为村庄的主要轴线和朝向。三者的形象被记录在《柏树园阳宅图》中。由于相距太远,从现场看,门前塘并不能通过倒影的方式将道峰山映入水中,图中呈现的轴线对景关系也无法通过正常视角感受,笔者通过航拍视角才找到了这种对应关系。我们发现前人对于地景的控制，远超出正常的视域范围，甚至可以通过千米之外的轴线进行规划。《宾峰堂记》中记录了这种情况，也描述了屋主对山的态度和场地的理解。屋主从"主人"和"宾客"的角度，论述了这座房子（也包含水塘）与道峰山的关系。

"尝稽古婺郡志，有邑超然。山莹水秀，淑气鼎钟者，兰阴也。兰阴之北，有山屼然。霞张翠舒，为金氏吉甫讲学处者，道峰也。唐翁信之，濲水右族，肇烟宋纪，世续文献，传芳袭祉。其所居正与道峰相对，因自号曰宾峰，建堂以居，亦命之曰宾峰堂。

云基分八卦，极协三辰，门綦綦以绕绿，窗炯炯而含青。山则堂主，堂则山宾。所谓岚霏空翠，迎落轩几。挹佳气于楹阁，对翠屏于朝暮者，正此也。翁也抱真而居，驰神而游。峰主我宾，日与相酬。故若青阳载育，生意寅津，荣桃木丽，莺转鸟鸣，是道峰为请翁赏春之主人也。于是时，则或搦管以赋花容，或凝眸而玩草碧，淡冶如咲者，尽归之于胸臆。固不必于东郊策步以踵少陵之遗迹，而惟高堂燕坐，自有以为道峰赏春之幽客焉。珍木蝉啸芳枝，槿荣爽鸠。习而扬武伯赵鸣而戒阴，是道峰为请翁赏夏之主人也。翁于是时则面崒嵂而等靖节，对穹隆而抚虞音，玩荟翠之如滴，脩然洒落乎灵襟，固不必临流宴饮以步少师之狂行，而惟高堂露顶，自有以为道峰赏夏之佳宾焉……固有不知信翁之为宾，而道峰之为主，亦不知道峰之为宾，而信翁之为主者也。

堂面乎峰，峰向乎堂。固非若李氏之平泉鸠怪石以钟意，苏氏之庭院，枯木而托记者也。且寿以静而得，峰以静为主。今翁居是堂，年跻八秩，步履轻盈，颜色鲜泽者，谓非其宾峰贞静之效哉。又翁之若子与孙似叠巘而尊严，体兼山而艮，背质凝重，去四轻，资汤穆，得三昧，其文思峎嵒。道心之崇邃者；又孰非翁建宾峰堂之所致哉。是此堂者，盖又有假匡庐之精舍，续武夷之考亭者也。讵若骚人墨枕客泉石以嬉遨。畸人辟士恋烟霞成痼癖者，可仿佛其一哉。余于是为之文而不辞。"①

房屋的主人没有从风水视角夸赞这种功效，而是尊崇"山则堂主，堂则山宾"的主客关系。这样宏大的地景尺度，产生出无限的神圣感，显示出中国传统文化中的自然观和对自然的尊重。建筑、水塘和山体间的关系，也在这种宏大的地景结构中得以显现。这种千米之远的地景艺术和规划意识，饱含着对安宁生活的向往和对子孙后代人才辈出的期盼和良好祝愿，也映射出中国传统景观理景艺术中的尺度观。如今的柏树园村，许多建筑已经更新，但几个世纪以来，整体格局仍坚守这种地景关系。

与西方建筑的人造地景不同，中国传统村落水口理景艺术中的地景，更大程度是基于对地形的"发掘"，人工与自然的界限并不明显。从建成环境的景观视角看，半月塘倒影山体的行为大都被归功于它精妙的选址。原始的自然地貌，因半月塘的出现，而得以显现。这种以山水为主体的地景结构，是对自然世界的高度提炼和浓缩。其营造理念，既扩大了"景"的空间感受，也成为空间扩展的营建手段。另一方面，在对这种"山水"景象的刻意经营中，也体现了中国营造哲学对自然的尊崇和敬畏，传达出中国传统建筑理景艺术的山水观和文化特质，即与自然和谐共生的创作理念。如今，这种传统的景观选址与规划理论正逐渐被人们遗忘，由建设导致的水口景观破坏现象在研究区域内比比皆是。

如果说，早期写实性的"文笔蘸墨"中那些象征笔墨的实景山水是出于现实，那么，一旦村落所在环境不具备这样的条件，这种情形便被抽象为某种模式，表现形式也不拘泥于山水所代表的笔墨含义，而是常常被各类人工选取的对象所取代。这样的模式，其功效性在于，山水环境象征的文房四宝不仅是古代文人心中的书写工具，更寄托着他们的人文情

---

① 《东鲁唐氏宗谱·宾峰堂记》

第五章 | 水口建成环境的营造

上吴方村　前塘倒影玉华山的景观

新叶村　南塘倒影玉华山的景观

新叶村玉华十咏　南塘倒映道峰的"道峰卓笔"景观

第五章 | 水口建成环境的营造

兰江流域传统村落水口文化景观

芝堰村　半月塘倒映芝山的"砚潭垂钓"景观

第五章 | 水口建成环境的营造

上金村　半月塘倒映三峰山形成的景观（已毁）

第五章 | 水口建成环境的营造

怀，也是中国传统伦理道德和美学、哲学思想在环境塑造方面的观念表达：不仅包含那些具体的景观结构和现实场景，还包含心理和精神层面的文化结构。

一个极为普遍的例子，便是半月塘理景对"文笔峰"的着意追求。在兰江流域，许多村落周围的山体都被冠以"文笔"的雅称，赋予自然山体以人文意涵，山体和池塘的关系也变得更为密切。山体是火，池塘则为水；山体是笔，池塘则为墨。所以，但凡有文笔峰的村子，几乎都会有一口天然或人工池塘，将意象的"笔"或"火"倒映于池塘中，称"文笔蘸墨"。这类基于中国传统文化的意象操作构成的人文环境，也成为当地村落景观的显著特点。

半月塘倒影山体塑造的景观，被视为吉利和文化的象征。诸如芝堰村的半月塘和芝山，新叶村的南塘和道峰山，都被衍生为"笔与砚"的关系。这种组合，既符合中国传统风水观念，又符合耕读理想。其效果的生成，首先是借助元素间的组合，其次是赋予这种组合以内容，并通过文化层面的解释获得。或者说，并不是直接面对理解自然，而是事先通过对自然背后的人文含义的理解，达到对这种景观现象的理解。

另一处较为显著的例子，是舟山定海老城中奎光阁、文笔峰和砚池的组合关系。由于奎光阁和文笔峰已毁，这样的景象只能通过《定海县志·魁光阁图》中所描绘的三者形象来想象。鳌山，也称镇鳌山，是舟山定海县城的一座小山，山体不高，仅十余米。奎光阁和文笔峰作为建造在山顶的一组建筑，和开凿于山下的砚池遥相呼应，它们组成的景观文化场所曾是定海最具代表性和象征性的历史地标。《奎光阁记》记录了这组景观建筑的组合含义。奎光阁和文笔峰取"文笔"之意，由于缺少天然半月塘倒影的"文笔蘸墨"景观，以人工修筑的"砚池"来取代半月塘，象征"墨"的含义。在这样的语境中，以山水象征笔墨关系的理想景观元素被人工构筑物所取代，使用者更强调取代物的象征和精神含义，"文笔蘸墨"的文化内涵，更多是通过文化和心理层面的调适而获得。这类因缺少理想

《定海县志·魁光阁图》

定海砚池现状

环境，而以人工构筑物替代的实例还有很多。常德市的笔架城，徽州岩寺的文峰塔和凤山台，都是这类形象变体的典型，构成的元素也根据实际需求产生演绎和变化。从这个层面看，这种组合模式更注重的是构成元素在观念上被赋予的象征意义。

于是，对于这种模式的追求，无论以何种方式选取，其根本都在于重建一种对象，以便在这种重建之中表现这种对象发挥作用的规律。虽然外在表现不同，但并非"内容"的变化，以此为基础，水口中的各类元素，在观念上被赋予各种象征意义，从而通过这些具体的形象引导和强化对这种模式的认同，不仅包含那些具体的现实场景，也包含心理层面的因素，是一种自然景观与文化意义的比照。

景观的塑造，一方面，着眼于观察利用自然地景，而后施以人工成景，避免单依人工，强为造作。另一方面，这项操作以自然为主体，更强调自然山水的营造，建筑始终居于从属地位。诸如那些村庙荡然无存的水口，置身其中，仍不免为其犹存意境的魅力感染。

拉姆普特从"宅形"和"相地"的角度，讨论了这种关系，认为由"宗教宇宙观"的价值理念影响的宅形形态，往往在形式上与周边的地景相得益彰。"这样的建筑，与其说是对自然的破坏，不如说是对地景的美化。"但这些解释，只是观念的表达，并不涉及具体的营造法。在现实中，并非所有的水口建筑都可以激活地景，完成对地景的集结。例如，水口建筑的修建虽常常出于"障空补缺"和"水口处宜增崇"的考虑，但这种"人造景观"是如何组合和巧妙地介入场地，形成村村入画之景，才是问题的关键。在兰江流域传统村落现存的水口中，建筑形式多无异于当地普通建筑，并无摄人的体量和尺度，但匠心独运的空间处理，却产生了感染力极强的空间效果。这种造诣极高的设计手法和布局，并非随意挑选，很大程度归功于精妙的选址，而地形的选取尤为重要。甚至理想的地形，就是水口。"水口有生成自然者"的描述，即提示了基于自然地形和地理特征的选址对水口发掘的重要性。这既是水口营造的首要问题，也是选址的主要使命。每个家族都在家谱中强调选址的深远意义，但这种理想模式的地形是极少的，一旦环境不符合，又该如何操作呢？

对照现场会发现，早期村落的水口往往更符合风水要求，并满足其中的诸多环境要求，如"两山对峙如门阙""众水合流""关津之要"等物质环境，往往还和理想图式相对应。这类理想的村落水口，以流域内的黄店镇、岘坦村、穆坞村、穆澄源村和邓家村为代表。它们的建村时间都比较早，其中不乏水口中的"生成自然者"，如文献记载中的黄店水口：

> "按佑塘诸山皆严之，支附蜿蜒起伏，直走甘溪直湄融，结以为佑塘之地，故山峰蟠其右，柱峰踞其左，道峰峙其前，露峰拥其后，而秀气钟焉。四顾之山，如旗如鼓，楼台殿阁环绕罗列，有天然之城堑。以芝溪社溪之水，皆数十里奔流回合于其前，讲为巨浸而东汪之，水口则有望云山，头如天马；高桂山，尖如覆釜，两山对峙，横镇水下此，则佑塘之大观也。"①

还有一类文献资料，虽并未直接提及水口，但间接描述了水口环境的潜在特征。如上唐村所在的万松源，有"山谷幽深，中通一径，源口两山环抱如门阙"②的景象描述。从地理环境看，这些村落大都独立占据一个当地称为"源"的地理空间，村以"源"命名。在兰江流域，这样的村子并不少，棠源③、儒源④、三峰源⑤都是这类空间的典型。其中，岘坦和穆坞所在的区域也称岘坦源、穆坞源，而上唐的土名就叫万松源。从字面看，"源"字本身含有水源之意，为村民生活提供了基本的物质保障。清光绪《兰溪县志》载："乌石源，有田两千余亩"，"岘坦源，有田三千余亩，中

---

① 《龙岩黄氏宗谱·佑塘佳地记》
② 清光绪《兰溪县志》
③ "源深十里许，峰峦环绕，重重弯曲，一径中通，地极幽静。"
④ "源内翠峰奇峦，秀峙左右，而一径清幽，深十余里，山民往往业于其间。"
⑤ "两溪相夹，一名小溪，一名芝溪，各深四五十里，中平广，有田万余亩。"

新唐村水口　水阁殿

新唐村村口回望

上金村水口　古樟树和土地

有水堰，岁旱而泉不竭。"从地理空间看，当地土话中的"源"，实际就是两山围合的山湾和谷地，源口对峙的山体和流出的水系，是水口生成的天然基础。调查发现，许多村落的水口就位于"源"的入口，而占据这类地形的村落往往很早就已迁居至此。

一些建村时间较晚的水口，往往在选址（建成环境）方面不具备这些优势。于是，出现了大量借用文化和心理调适，通过意象环境营造的水口。例如，刘家、太平桥、百步岩、黄岱桥等村，它们所在的地理环境，多是开阔的田畈，缺少水口环境要素中的自然条件，水口的修造基本都是借助人工方式。

兰江流域一带的唐氏家族迁居史集中反映了这种现象。据1894年、1936年《东鲁唐氏宗谱》和1923年《万松源唐氏宗谱》记载，北宋年间，唐尧卿由淳安茶园迁居兰溪黄店镇篁屿村，为兰溪唐氏始祖。此后，其后裔分迁三泉、下唐、上唐、柏树园、山后塘、麻车岗、新唐、清塘畈、上金等村落。其中，南宋年间，唐光郎由篁屿村分迁三泉村。唐光朝次子唐瑗由三泉村分迁上唐村。元代，唐铁炉由三泉村分迁前塘村。明代，唐荷由篁屿村分迁山后塘村。唐禅由上唐村分迁新唐村。唐良璠、良璞由上唐分迁清塘畈村。唐广弟由三泉村分迁上金村。唐德由三泉村分迁柏树园村。通过现场考察，早期唐姓家族的聚居村落，如三泉、上唐等，都有良好的水口景观，而晚期分迁的村落，如新唐、上金、柏树园等，水口已经没有了可利用的自然条件，基本都是通过人工修筑的方式完成。其中，虽然有些早期水口也会存在较多的人工元素，但调查发现，造成这种现象的原因是多方面的，有些在水口增设的建筑并非出于风水考虑，而是后期的功能所需。前者，多为直接面对现场的设计。后者，则是面对非理想环境的操作问题，心理和文化层面的环境操作，成为影响水口营造的另一原则。

5.2 理想图式

在兰江流域，影响村落选址和住屋建造的观念、意识等文化因素是多方面的，其中以民俗和传统风水观念表现得最为突出，它们彼此融合为一个整体，尤其体现在村落对理想环境的追求方面。

在《文化特性与建筑设计》一书中，阿摩斯·拉普卜特深化了《宅形与文化》中一贯以来对文化主题的探讨，围绕环境行为学和文化要义详细论述了环境与群体行为、文化与群体特性的相互影响及作用，认为设计应以环境的文化特性研究为基础，并在环境的空间组织中表现这种特性，从而使建筑获得文化上的认同，他称之为"布置场景"，即场地对选址的作用更强调心理层面而非现实环境。在他看来，场地对建筑的影响，既包含场地本身的物质特性，也包含对场地文化价值的考虑，两者权衡的过程包含众多要素的利弊判断，被认为是"吉"的场地会对其后的建造带来物质方面的影响，但选址定基的文化意义依然是事情的本质。阿摩斯·拉普卜特认为这种在选择自然环境上表现出的姿态，是"宅形"形态生成或修正的重要动因。如不同价值观引发的对村落周围山体形象的"吉凶"判断，是山体是否为村落所取，参与村落格局和景观营造的原因，这些都取决于文化上的解释，而并非客观环境。

场地对选址的作用是心理而非物质上的，传统村落的布局，除了各种各样的实用性外，还被层层的象征性所包围，都表达出一种"理想世界"的图景和宇宙观。"理想图式"的建立，首先着眼于水口环境建构的象征性元素，以及那些元素是如何被选取，又如何通过特定的方式被转化的。以此为前提的水口建筑和环境营造，表现为一种意识形态和观念性的文化抉择。水口环境中的物质环境（建成环境）固然重要，但依照传统风水观念所构筑的"环境意义"才是水口营造的基础和核心观念。我们可以借助对水口"建成环境"的理解，来解释这个意义。以传统村落为例，在物质环境方面，人们的基本需求相对容易满足，而社会观念和文化意识对村落环境的制约相应显示出决定性的力量，如理想水口和传统村落排水都要位于巽位的方位观念，便是基于这种环境意义的考虑。

5.2.1　方位系统

传统村落的布局，除了各种各样的实用性外，还被层层的象征性所包围，如来水的"乾位"观念，去水的"巽位"观念。阿摩斯·拉普卜特通过讨论社会文化因素对"宅形"的影响，解释了在很多文化中，房屋的定位仪式和朝向受制于文化，而非物质因素的原因。

> "中国的风水体系虽然在有时候将生活的舒适与凶吉的定夺相契合，但是当二者抵触时，物质上的惬意必须让位于宗教因素。这一理论体系密切关系到文化的各个层面，并通过一系列的法则，裁定道路和水渠的走向，以及宅舍的高度、形式和排布。村落和坟墓一般要慎重地选择在有吉兆的树丛和山峦间。人们价值观的核心也大多与这些宇宙的信念相关。"

还有学者认为气候对建筑的影响，导致了建筑方位的选择。[①] 这些文化和制度方面的影响都直接转换为空间观念，成为水口选址的重要原则。我国古代城市规划、村落布局在考虑排水时，大多将出水方向置于东南的巽位观念，也就不难理解。

巽，八卦之一，表示东南方向，排水的巽位观念即建筑或村落中的排水方向。在中国传统营造观念中，将排水置于东南的做法，被认为是塑造理想环境的重要原则。大则用于城市规划，中则用于村落布局，小则用于群组建筑设计。本为因地而异的、十分具体的功能问题，将其固定于"巽"位，纳入一种放之四海而皆准的制度，最初是出于对中国地理全貌的认识。

然而情况并非总与整体相同，特别在中国南方的山地和丘陵地区，局部地势可能东高西低，从而水的流向恰与巽位相反。这种方位观念并不是绝对的，水口的方位很大程度上受制于村落的总体格局。兰江的主要水系流向都是由南而北，在这个地理条件下，水口的选择很难由单一的因素而定。在这种情况下，执着于将建筑中的排水方向置于东南，便反映了一种深厚的文化影响，自然环境与方位成为社会礼制与秩序的具体表达。

5.2.2 观念性

水口是村落领域的限定要素之一，同时也带有明显的观念意义。兰江区域内的水口分布众多，形制不一，从具体形态上是千差万别，但从元素和构成上却存在着一种普遍性，这种普遍性可以成为我们考察和理解这样一种景观形态的基本方法和基础原型。简单地说这里存在着一种模式，正如亚历山大将"模式"作为考察和理解建筑的方法一般。据调研所见，水口常常是以众多建筑单体为基本元素组合而成的，尽管千变万化，其本质

---

① [英] 西蒙·J. 盖尔. 方位与建筑 [M]. 风水理论研究，354~365.

刘家村水口新塘的鱼形图式

终归是不变的。这些有着相对固定意义与作用的组合体，总是来自某种结合过程，并需要借助与其他元素的关联来产生意义。

例如，对"鱼"这种理想图式的追求，在刘家村水口是通过象征手法，直接将"新塘"建造成鱼的形状并通过与周围元素的配合获得，水塘周围的水井、台阶和古樟树，分别象征鱼眼、鱼鳍和鱼尾。而如果一村没有足够的物力财力去营造，便会通过最简单的意象手段，借助额外的观想来获得，即赋予一个和"鱼"有关的名字。在大坞陈村，人们以"乌支塘"命名水口塘，而"乌支"二字在当地方言中即是鱼的形象。在区域内，以"鲢塘""鲫鱼塘""鲤鱼山"命名的自然环境还有很多，这种形式虽然十分简单，但已经显示了高度的观念化。后来那些以"鱼"为模式的组合不过是对这种观念和形式的进一步复杂化。

潘村水口　土地庙

　　这样的观念表达，在潘村水口土地庙的营造中也得以体现。潘村，位于兰江西畔的白露山下，是兰溪潘氏家族的聚居村落，村名也以姓氏命名。在当地，将两座土地庙并列修建在水口的现象并不多见。从建筑学的角度看，这样的布局，可以增强进村的仪式性和体验感，烘托空间的神圣性。其营造的氛围，也更让人产生对自然和祖先的敬畏之心，极具本土特征和乡土气息。然而，据村民讲述，这样的做法实际源自同宗不同族的

"功能"所需。潘村的潘姓由两支组成，分属荥阳潘氏[①]和白露源潘氏[②]，两座土地庙分属不同潘氏家族，也分别庇佑两个家族。造成这种现象的原因也是由文化层面的意象环境决定的。以此为基础，水口中的各类元素

[①] 《荥阳潘氏宗谱》载，宋朝千二公由徽州歙县岩寺街下烟潘村迁建德大洋上源，明朝义十三公自建德大宅里迁居兰溪潘村。

[②] 《白露清潘宗谱》载，始祖为潘皓，字益白，因兄为婺州浦监处州括苍而迁居。元朝，第十四世孙潘宗义，由兰溪桃花坞迁居白露源。

和外在形式，在观念上被赋予各种象征意义。以山水元素为主题的观念营造，借助文化表达，衍生出文笔沾墨、文房四宝之类极具中国本土特征的文化风景。

水口的组成元素也常常会发生替代，如堆一个土丘或建一座塔来弥补地形缺陷，象征山的意义，以达到对理想环境的塑造。所以，关注的不再是山的形象，而是山的象征性和功能意义。在兰江流域，由于村落的快速发展和扩张，这种现象仍然活跃在当下的乡村建设活动中。景观的生成已经不是按照"设计"这一术语的传统意义做出，而是按照理想环境的图式和观念进行选择，并对景观进行改造，而这种图式正是文化操作。

查阅当地的家谱资料，我们会发现这样一种现象，区域内的许多村落都将位于三泉村北部的"柱竿山"作为阳基发脉之处，并记录在宗谱开篇的住宅图记或里居图记中，即使有的村落相距遥远，超出目测范围。同时，诸如三峰、玉华、道峰、白露等山名，也反复出现在描述村居环境的形胜中：

> "予族阳基自柱竿山发脉……大河东注经其左，涧水西流绕其右，华峰兰阴白露诸山拱峙。"

> "姚氏阳基自柱竿山中……后有黄土山为屏，前有小青山作案，左迴仓山，右抱象山，并耸狮山如华表。"

> "柱山为园屏，蟠山为秀枕，左则回以潋水，右则抱以道峰。"

> "纯孝之乡甘溪之境，天地钟灵，山川毓秀，土俗之神临于其上者，广济殿也。前抱大川，后列柱竿，右汇双溪之水，左拥三峰之高，露山突其东，菱池在其北，此殿之胜境也。且威灵硕郝，无寿不验，感格虔诚，无求不应，捍灾除患却疫驱瘟佑四境之生灵，为一方保障，此以名为广济也。"

这类带有组合特征的环境描述，几乎成为一种陈规，小到一座建筑

(云山书楼）的场所营造，大到村落选址与格局。由于将一切缩减为最基本的图式语言，空间的形式本身已经具有了某种功能指向，并很大程度取决于它们在文化上的含义。基于此，人们通过各自方式，刻意营造这种景观，实际都是出于一种文化诉求。不同区域的文化差异导致的水口现象，也是这类景观多样化的原因。

首先，这样的描述暗含了以四神为代表的神圣方位系统，也是中国传统观念中认知世界的方式。其次，地景的象征性也暗含了四方的延续，将有限的空间转化为无穷的宇宙模式。这些图像在后来的里居图中变得极为普遍，只是建筑体量的变化，而无建造观念的变化。

所以，许多不同方位、不同朝向的村落也用同样的描述。对于这些景观的理解，始终包含两方面，一种是对于现实的、建成环境的理解，一种是对于意识层面的、意象环境的理解。这些景观的生成是这两方面综合作用的结果，正如水口意义的生成建立在人与建筑、环境之间的关系上，同时也是人们按照理想环境的共有图式和观念进行选择，改造景观而形成的，是经过人文活动的构建而产生的文化现象。

5.3 文字系统

5.3.1 建筑题名

中国古代文人向来推崇营造具有意境的氛围，人们对四周环境进行改造的同时，也常常赋予这些山水以更多的诗情画意。这种特有的人文化的深化风景意境的方法，从城市到乡村被广泛采用，也成为中国传统环境营造的重要方法。

在兰江流域，传统村落周围的环境也常常借助带有当地历史或地理特征的题名而被理解。如潘村水口望云亭，据当地村民介绍，望云亭东有望云山，古时，此地又称望云乡，故名。"望云"一词，是用来提示建筑所在地理和历史环境的。

这种带有环境提示特征的建筑题名还有很多。在建德新叶村，玉华、道峰两山倒影映于南塘形成的景致是很有名的。南塘周围的建筑题景，也正是通过对实体景观的再陈述，来深化和塑造村落的半月塘景观。南塘将位于村北的道峰山巧妙地倒映其中，山体形态经过人文转译，形成"道峰耸秀"的人文景观，既使山的形象和意义得到强化，又突出了南塘的神圣地位，其效果是相当惊人的。"玉华十咏"中的"道峰卓笔"形象地描述了这一景观。此外，南塘还通过倒影，将位于村西的玉华山和道峰山集结，形成"文笔沾墨"的人文景观，更凸显了水塘在塑造空间环境和理想生活方式中的作用。在现场，这样的建成环境又通过南塘周围的建筑题景，被再次提示和强调。"华峰挺秀""华山锦绣""西山夕映""秀钟屏玉"既描述了玉华山高耸的形象，也提示了建筑与山的方位关系，而"南塘水秀""水秀鱼跃"，则反映了建筑与水的关联。这样的组合，给观者以深远的空间想象，也体现了中国传统景观营造有意呼应周围环境特征的地理学手法和审美意识。

一方面，这些题名多忠实于眼前实景，是客观的、景象的。但"景"的概念通常与"视线"和"风景"有很大不同[①]。景观边界常常超出视域场景的范围，而并非客观的场景描绘。这种类似建筑设计说明的题景行为，扩大了这些建筑的景观范围和边界，也增强了观者在视觉和心理层面的空间感受，更加深了对这些建筑本体和所属环境的理解。另一方面，"景"的解读，又是主观的，必须借助额外观想和有意义的情境来完成。景所涵盖的内容已不再是单纯的美学欣赏，而是凭借这种提示，给人以额外的历史或文学联想，具有了超出景象之外的观念和意义。借助这种行为，建筑和风景的关系也被深化，从而形成一组新的环境关系——不仅包含具体的现实场景，也包含心理层面的因素。

[①] 有关中国园林的"景"和西方园林的透视概念的比较研究，可参见邹晖《透视园之景》第293~326页。

从这个意义上说，经过题景的自然，已经不是"原生自然"，而是人造自然和建筑化的自然，是根据人的意念从原生自然中抽象出来的。这种带有环境特征的题景行为，也成为从文化和观念层面进行理景艺术创作的重要手法。在此基础上，题景本身既是一种文化建构，又是塑造区域地景的重要手段。以山水营造为主体的乡村景观系统，正是借助"题咏"的塑造被公众认可，造就了一个可容纳多种文化观念的景观综合体，具有了更为广泛的意义。

兰江流域内的村落理景，很多情况下，正是借助同一风景的题咏而建立关联。如道峰山不仅成为柏树园村景观营造的参照，周围的许多村落也参与其中。新叶村道峰会秀、上吴方村道峰拥秀、三石田村文峰肇秀，既成为这些村落独立的景观，又形成区域性的地景艺术。

离新叶不远的一座山峰——三峰山，同样以这种方式被人们理解。现存和三峰山有关的文本资料，一类是景象的，如《雁门童氏宗谱》载："西北距十里许，有三峰焉，危崖秀峭，矗立千仞，恍如天半芙蓉。"① 用以描述山体高耸的形貌特征。然而，当地还有"大峰下有三小峰，排列如子之奉母，俗呼三子拜母山"② 的说法。据传，这和当地"三山之坡，下有孝子"的故事有关。宋代，该地有大坞陈村陈天隐、董店村董少舒、桐山后金村金景文三孝子事母至孝，远近闻名，其孝行感动上天，于是三孝子被化为三座山峰。《兰江牛社陈氏宗谱》中《陈孝子碑记》《董孝子碑记》和《金孝子碑记》分别记录了三孝子的生平事迹：

> "公讳天隐，字君举，邑之牛社人也。父兄早丧，端重好学，奉母冯氏笃孝。政和四年季夏，母卒卜葬于三峰之阳，时日炎蒸，公先焚香祭天，乞云雾覆棺，已而果应，既窆云散，皆异之，遂负土筑

---

① 《雁门童氏宗谱·村居八咏序》
② 清光绪《兰溪县志·山川》载："三峰尖，上金庄后，大峰下有三小峰，排列如子之奉母，俗呼三子拜母山。"

兰江流域传统村落水口文化景观

潘村水口　望云山与望云亭

第五章 | 水口建成环境的营造

庐，垢面蔬食，终三年丧，厥声闻于帝京。当时名卿志墓赋诗状公孝行甚悉。公抚兄诸孤视犹己子，广墓庐为肄业之所，乡之英俊皆与焉。侄敦仁平寇奏功，官至忠翊郎，嗣是嫡孙大度，官至两浙提干……余如大光、大中及泽咸领书乡，固公教育之恩，实乃孝感所致。厥后宣和间有董公少舒，淳熙间有金公景文，俱以孝闻，遂易望云为纯孝。余嘉其事，足为世俗劝……"[1]

南宋咸淳四年（1268），兰溪知县沈应龙以望云乡有陈天隐、董少舒、金景文三孝子，事母至孝，远近闻名，请于朝廷表彰，建三贤祠，立八行碑。由此，望云乡改为纯孝乡，三孝子的佳话至今仍在当地广泛流传。

在当地，三峰山常用以宣扬和表彰三孝子孝行。资料显示，兰江流域历史上用以褒奖孝行的孝子坊由于历史原因多已被毁，但将三孝子的行为与山体结合，就使得相对而言更具永恒性的山体本身的纪念碑性更为显著，具有树碑立传的意义。也正因为这样，三峰山成为三孝子孝行的绝佳象征，并通过这样的命名，将一座景象的山升华为一座带有功效的山，成为宣扬传统孝道思想的重要场所，传递出鲜明的道德和教化意义，成为世代流传和铭记的对象。

在三峰山下，各种不同历史时期的文本形式被用以记录和再现三孝子的行为，包括家规家训、碑记、赞词、匾对、史话等。在大坞陈村建有八行坊，三峰殿口村建有三峰殿，诸如"西乡之中三孝子，南渡以后一完人"和"纯孝及天"这样的匾对更是遍布周围的村落。民国二十年（1931），在三峰山下，还建有建兰亭。该亭南北走向，呈一进三开间结构，明间为抬梁式，次间有穿斗式，石柱间分别刻有对联："南绕桐山通建德，北沿芝水达兰溪"，"路近三峰何处非名山胜地，地联两邑此间有孝

---

[1]《兰江牛社陈氏宗谱·三贤堂碑记·陈孝子碑记》

三峰山

子贤孙。"此亭为古时建德与兰溪商道上的路亭,将三孝子的行为与路亭结合,还有利于其内容的展示,从而成为一种宣教。这些方式均集中于此事件,通过各种表达方式与媒介,借助有意义的情境来完成对三峰山的解读。山体成为这一事件的重要载体,它将分布于村内外的建筑与当地历史文化传统连接在一起,也将周围的村落联系起来形成一种系统,展现了一种赏景、哲思的世界观。三峰山正是借助意象环境的塑造和补充被公众认可,具有了超出其景象本身的意义,从而将建筑、村落、山体联系起来,具有了更为广泛的意义。

5.3.2　村居八景

"八景"是对一个地方典型自然和历史人文景观的集称,也包含对领域内重要景观的选取和环境特征提炼。"八景"描绘的风景内容包含了对自然山水风景特点的概括，一个地区的"八景"使其周边自然风景的时空意象与人们的生产、生活相联系，进而成为中国特有的描绘某地区风景的方式。

北宋学者沈括在《梦溪笔谈·书画》中关于宋迪作《潇湘八景图》的记载，通常被公认是八景的起源，但还有学者认为，八景之说可追溯至唐代柳宗元的《永州八记》。而兰江流域传统村落中的八景题咏始于何时，目前尚未有明确记载，但《兰溪县志》中载有宋末元初诗人于石《题石壁寺》一诗，其中有"寺旧有八景"[①]之说，说明至少在宋末元初，八景之说在这里就开始出现。

明、清时期，八景几成风气，仅《兰溪县志》中，就有"兰溪八景""望衢亭八景""老撼八景"，各类家谱中的八景更是不胜枚举，很多宗谱的谱序中，都有明显的以八景形式命名的八景诗、八景图和八景图记，文化底蕴深厚。

还有一些宗谱，录有名人文记及诗词，例如《荥阳潘氏宗谱·荥阳白露源潘氏阳基小记》载有十七世裔孙士英所作"水阁风凉""新厅月朗""白露听松""黄岩观瀑"七律四首，后续《荥阳潘氏宗谱·荥阳白露源潘氏阳基图小序》中又有十八世裔孙庆麐所作"古柏凌云""寒梅笑日""佑塘书院""忠隐茅庵"七律四首。再如《东鲁唐氏宗谱》载有《恭咏阳宅图七律四章》，这些题咏虽无特定的八景称谓，但其刻意表现的手段已极为明显。

在一些村庄，还常以发现和命名八景为乐，八景甚至成为"附庸风雅"的需要。如露源村民国教师童壁卿将所作"露源八景"的原因归于"昔唐尚书有兰溪八景，赵太史有山居八景。予虽不逮前贤，村居无事，葛巾野服，筱然自适，流连风景，时有怅触，爰拈成村居八咏"，显然

---

① 宋于石《题石壁寺》："寺旧有八景，芳草洲、眠牛石、双港水、旃檀塔、豹隐岩尚无恙，若夫菡萏池、海棠源、风月亭，今皆芜废，乃作诗以记其旧。"

是出于攀比的需要。而《社峰吴氏宗谱·社峰八景图记》载有包德怀[①]："昔人好事者理为八景，皆有诗品题之"，《云源方氏宗谱·阳宅图志》清乾隆时"昔有好事者，标述其景"，说明在明初，八景题咏就已成风气。

调查发现，兰溪村落的八景是一个普遍存在的区域现象，几乎村村有八景，仅在兰溪黄店、诸葛、永昌等地的村落，可考的就有百景之多，它们详细记录了乡村文人参与和改造乡村的例子。以八景命名景观的方式，成为一种普遍的理解环境的方式，诸如此类的现象为我们了解当时的村居八景提供了重要的文本资料。

研究区域内的村居八景统计

名称	村落	景题				文献来源
高隆八景	诸葛村	南阳书舍 菰塘霁月	西坂农耕 石岭祥云	双井灵泉 岘山夕照	清溪夜碓 翠岫晓钟	《高隆诸葛氏宗谱》
金氏八景	长乐村	梅瀔书院 砚峰秀色	慈岩梵宇 郭山翠屏	龟岭松涛 泉塘春水	东园竹月 冠洞晓云	《瀔西长乐金氏宗谱》
砚山八景	长乐村	翠屏春游 砚坡笑傲	荷池夏赏 泉塘垂钓	紫云秋饮 南庄观稼	梅瀔冬吟 井畈耕耘	《瀔西长乐金氏宗谱》
砚山十景	砚山脚村	砚峰高耸 五桂当门 双松护社 白香泉	陈岭横斜 圣塘漾月	古寺钟声 翠柏披云	屏山云幔 醉风亭	《砚山洪氏宗谱》
永昌八景	永昌	多福晓钟 午市屯犊	柱竿晚翠 徐塘归雁	南屏晴雪 双溪跨虹	西岘栖霞 曲鉴观鱼	《浚仪赵氏宗谱》
社峰八景	社峰村	社峰佳致 山麓池荷	古庙青松 花村田舍	黄坂如云 明雅书楼	清流印月 溪滨野碓	《社峰吴氏族谱》
社峰新咏	社峰村	社峰古韵 节孝流芳	龙虎宝地 竹溪双桥	耕读人家 山湾垂钓	积庆名扬 认祖联宗	《社峰古村探源》

---

① 包德怀，兰溪上包村人，明永乐十六年（1418）中戊戌科进士，正统元年（1441）钦升刑部左侍郎，正统十三年（1448）卒于官。

续表

名称	村落	景题				文献来源
胜岗八景	胜岗村	虎岫栖霞 兰谷春芳	龙冈积雪 枫山秋色	石院观棋 古井温泉	珠塘垂钓 深林夕照	《阎氏宗谱》
樟林八景	樟林村	双涧清流 梨湖秋月	群峰献秀 西岩晴雪	坦溪成涨 永昌晓钟	荷沼薰风 庐坞晚烟	《樟林徐氏宗谱》
杨塘八景	杨塘村	牛郎秋月 朱店忆旧	龙山夕照 水阁纳凉	花园嫩日 湖墩环翠	瑶池晚烟 灵应晨钟	《濲溪杨塘方氏宗谱》
西姜八景	西姜村	月池晚荷 里宅松堤	凤岗晴烟 花园雨合	龙山夕照 桃园云岛	藻塘春柳 西林竹院	《凤兰姜氏宗谱》
横塘八景	横塘村	横塘鱼跃 密竹摇青	后圃花芳 乔松挺秀	虹桥跨涧 八山聚凤	渭水通江 九水游龙	《横塘姜氏宗谱》
孟湖八景	上孟塘村	孟湖鱼跃 芳塘仙井	荷池莲藕 石桥水声	塘下原平 风孔逆流	堰肚如笔 西溪鱼艇	《孟湖童氏宗谱》
孟湖十景	下孟塘村	古槐挺秀 东湖秋雁 胡山残雪 西堰游鱼	槐池垂钓 菊岭清钟	歌风晴眺 水案回波	永丰锁浪 带河环漪	《孟湖徐氏宗谱》
西胡八景	西胡村	大堨鱼跃 村前麦浪	前溪环绕 清塘秋月	苍藤盖庙 菱沼歌声	前桥残雪 夕阳近照	《西湖胡氏宗谱》
芝溪八景	芝堰村	桃峰东峙 羊岩插汉	芝水西流 狮口朝天	伏虎迎风 谷仓劝耕	乌牛望月 砚潭垂钓	《文化芝堰》
芝溪十咏	芝堰村	桃峰东秀 溪头晓风 凤桥晚月 罗星野望	羊岩西峙 石壁闻鹂	砚潭勾雪 龙门旭景	后山听松 亭山古怀	《文化芝堰》
露源八咏	露源村	露嶂横青 古塔浸月	三峰夕照 甘溪春泛	佑塘观瀑 野寺闻钟	松林纳凉 茅庵怀古	《雁门童氏宗谱》
潘村八景	潘村	古柏凌云 水阁风凉	寒梅笑日 新厅月朗	佑塘书院 白露听松	忠隐茅庵 黄岩观瀑	《荥阳潘氏宗谱》
珠山八景	下汪村	丽山晴滴 竹阮青林	鱼塘晓波 枫桥红树	半月沉江 李坞春风	万松听梵 柿湾秋雨	《珠山汪氏族谱》
双江八景	柴埠江村	上下双江 玉华拱翠	龙溪绕绿 文笔呈祥	东岩白石 大堨洪水	堰口流清 小桥流水	《济阳江氏宗谱》

续表

名称	村落	景题				文献来源
新塘四景	上叶村	砚山对拱	日月长明	歌埠摇琴	玉华耀彩	《新塘叶氏宗谱》
佑塘八咏	黄店镇	露嶂凝灰 中天爽气	道山拱秀 下界丰年	双溪烟雨 危楼摘星	三峰落霞 澄塘浸月	《龙岩黄氏宗谱》
水阁八景	水阁村	铁甲飞云 前溪春涨	团圞晓日 嵩屏烟雨	西皮晴霞 白岩积雪	桐岗暮霭 鱼塘钓月	《蒋氏宗谱》
东山八景	溪源村	六峰列障 隔林灯火	袍山把秀 度壑歌声	书屋来清 石泉鸣珮	楼阁悬空 东井潜阳	《云源方氏宗谱》
云源八景	溪源村	洪岩峭壁 岩山埋玉	石井潜龙 玉节卧虹	双溪漾月 碧潭毓秀	叠石联云 禅石飞仙	《云源方氏宗谱》
圣山八景	殿下村	东郊春望 古寺晨钟	南浦闲观 圣山游览	西山秋叶 西井甘泉	北岫积雪 垅塘垂钓	《瀔溪吴氏宗谱》
金湖八景	倪家村	彰参晚烟 西山松木	大溪水碓 瓦灶山木	秋野大豆 新池春草	奉桥秋月 半个月塘	《金湖倪家村志》
乌岗八景	乌岗村	慈岩捧日 东楼夜读	顺岭关风 南亩春耕	金鱼曜水 麓地七星	铖凤昂霄 朝山笔架	《乌岗徐氏宗谱》《西墩徐氏宗谱》
犁头尖八景	犁头尖村	卧牛岗 春堤风柳	转象湖 东坞雷梅	三槐院 东湖鱼鸟	七松堂 西堨荷花	《东海徐氏宗谱》
前湖八景	郑家村	前湖晴波 柏垅遗祠	吴山夕照 龟溪灵迹	邱木巢鸟 东楼夜读	砚池跃鲤 南亩春耕	《荥阳前湖郑氏宗谱》
漈溪十咏	姚村	陇上飞雪 漈溪垂钓 泉井源长 锁漈晓月	狮岭春笋 石塘观社	象山红柏 宗祠桂馥	茭水荷香 浪宕寻幽	《姚村村志》
邱村十景	邱村	邱前绿野 龙溪水秀 丁塘山灵 内院鸢飞	村后红莲 樟林鹊叫	胜殿晨钟 竹馆书生	石鼓闻欷 胜塘鱼跃	《瀔溪龙溪邱氏家谱》
玉华十咏	新叶村	仁山道脉 龙池浴砚 雉冈张弧 三峰联镳	儒谷书声 鼓楼倡义	道峰卓笔 云塔标英	歌阜横琴 赤姑炫锦	《玉华叶氏宗谱》

续表

名称	村落	景题				文献来源
井头张十二景	井头张村	青山钟秀 狮岩罩雾 罗板春耕	郑坞归樵 天池积雪 凌塘印月	山塘跃鳞 柯山屏案 后山晴眺	蓝井泉香 梅峰插云 台寺晨钟	《蓝泉井头张氏宗谱》
刘家十二景	刘家村	古樟凌云 溪头晓风 飞凤钓雪	新塘风凉 榭桥晚月 露峰东秀	宝训月明 前岩遗踪 永隆怀古	仪三学校 前三松涛 心亭古怀	《清清流淌甘溪水》

从研究区域内的村居八景统计可以看出，作为一种深植于传统的文化现象，以八景命名景观的方式，至今仍活跃在当下的乡村建设过程中，成为塑造和品评环境的基本手段。

据可查的资料显示，不少村落都有直接以"水口"命名的八景，如"水口邰轴""水口双鲤""水口灵祠""狮象水口"等。在兰溪，由于尚未对研究区域内现存的所有家谱资料进行研究，兰溪村落的八景，暂尚未发现直接和"水口"相关的命名，多为间接描述，如社峰村"溪滨野碓"、砚山脚村"圣塘漾月"、刘家村"新塘风凉"、溪源村"碧潭毓秀"等。并且，这种"景"的解读，还需要意象环境的想象，这方面的实例可见于乌石村的两处景点——"朝山笔架"和"东楼夜读"。

乌石村位于大慈岩北面的山脚，坐北朝南，村前连绵的山体，形似笔架，称笔架山，这样的形胜，在当地是不多的。据《乌岗徐氏宗谱》载，此地风光绝胜，而"朝山笔架"，正是对村前笔架山的景象描绘。当地历来有"乌石朝山、邓家水口、麻车岗来龙"的说法，这样的命名则更进一步强化了这个主题。"东楼夜读"则反映了本村的好学之风。表面上看，这两个景点似乎属于两处不同的场所，但综合起来，还在于提示和激励族人，本村虽有好的风水，仍需勤于治学。这种景象，正是借助意象环境的塑造获得，从具体的实景上升到文化空间。

八景起初只是关于一村景致的描绘，但由于密集存在，不同村落的八

兰江流域传统村落中的"观念性"八景

景开始出现景象的交织，由此上升为不同村落间的景致关联。首先表现在对同一景致的景象描绘。以砚山为例，环砚山一带，古村落遍布，诸葛、长乐、永昌、砚山脚等村，都有以砚山命名的八景，"砚峰秀色""砚山晓云""砚山对拱"既是对砚山本身形象的描绘，也反映了村落与山体的关系。对于观者而言，在感受这些景致命名的同时，必须不断解读场所的空间含义，以此来恰当地再现这种景致的意蕴。景致的解读与把握，还取决于各村与砚山的地理位置，如砚山脚村位于砚山山脚，故有"砚峰高耸"，"西岘栖霞""砚山夕照"则是因为砚山位于诸葛、永昌以西。一座山的赏析，需要在特定的观法下才能成立。

据实地考察，区域内的白露山、三峰山、道峰山、玉华山、柱竿山等，也成为许多村落八景描述的对象。如"露嶂凝灰"佑塘八咏、"露嶂横青"露源八景、"露峰东秀"刘家十二景、"三峰联镳"玉华十咏、"三峰落霞"佑塘八咏、"三峰夕照"露源八咏、"石岭祥云"高隆八景、"慈岩梵宇"金氏八景、"慈岩捧日"乌岗八景、"玉华拱翠"双江八景、"玉华耀彩"新塘四景、"道峰卓笔"玉华十咏、"道山拱秀"佑塘八咏等,以山水为主题的自然元素,借助人文手段深化了景色的意境,由此涉及的村落,正是借助对同一座山的八景题咏,建立起关联。一些村落八景甚至一反以自然景色命名的方式,邻村也成为八景塑造的对象,不仅包含那些具体的现实场景,也包含心理层面的因素。如樟林八景中的"永昌晚烟",正是将位于其北的永昌镇作为八景刻画的对象。新叶"玉华十咏"中的"仁山道脉",则与邻村桐山后金相关。金履祥,桐山后金村人,婺学代表人物,学者尊称仁山先生,曾在新叶讲学。这样的题景既反映了对仁山先生的崇敬,也暗含本村丰厚的文化底蕴。

在乡村景观系统中,八景常常把一些不易觉察的事物联系在一起。从这个层面来看,八景所造就的区域地景是一项文本化的操作,也因此被上升为区域性的地景艺术。

在研究区域内,这种景象可以小到一座建筑(望衢亭八景),大到一个城市(兰溪八景)的方式存在(由于其本身尺度的差别)。这样造成的一个现象是,密集的八景景观系统,形成了一种层层复合的、不同尺度的景观系统,由大到小覆盖了整个区域。由此,"景"的构造以各种程度延展,不只在乡村,也包含郊邑。它们共同构成了一种连续的、多层次的、有组织的、涵盖整个区域的景观结构体系。基于风水原因修建的永龄塔和仁寿塔,既作为下潘、岘坦两村独立的水口景观,又形成区域性的"女埠双塔"景观。

从建成环境看,传统村落中的水口,无论在构成元素,还是规模、尺度方面都有很大不同,也形成了层层复合的景观系统,并以此为基础,上升到一种区域性的景观结构。这样的手法十分明确地突出了八景在区域景观塑造中的作用。从意象环境看,村子周围的环境群山和溪流因命名而被赋予一种意义，从而通过这些具体的形象引导出一种边界的生成，强化对这个场所的认同感。八景题咏所引导的景观边界，是通过现实的景观视野和心理边界共同完成的：通过对村落意象环境的塑造，达到对村落领域的强调，正式将这种潜在的关系结构连接为一个整体，形成对区域地景的塑造。

经过文人化的，以"八景""十咏"命名的乡村景观，既是对周围环境的认知，也表达了一种观念——通过文学化的命名方式来建立一种认知世界的秩序，它既依托心理层面，也依靠物质手段的空间处理完成，两者互为表里，相辅相成。从这个层面来看，八景所造就的区域地景是一项文本化的操作，是经由一代代乡绅阶层的文化沉淀逐渐显现，并通过文化来建构的。

第六章
水口实例

6.1 三石田村翠华庵

　　翠华庵，坐落在三石田村东南的童山脚下，是一组坐西朝东的合院建筑，也是三石田村的水口庙。由它和童新桥、三石田平桥组成的水口环境，表现出一种质朴的乡间野趣。这种简单的小尺度建筑组合，也是这一带水口环境的典型特征。翠华庵占地很小，却通过巧妙的入口空间经营，使整个场景显得很大。古时，到翠华庵要先经过庙宇南侧的童新桥。作为整个建筑空间序列的起点，修造者在有限的场景内，通过建筑朝向的偏转和行走路径的增加，形成几处带有转折的参访体验，既强调了建筑群的领域和边界，也强化了入口空间的深度，增加了景观的层次。这种巧妙结合地形，并运用造园手法综合而成的环境群体，也是这一带村落水口理景艺术中的典范。

第六章 | 水口实例

三石田村翠华庵

由三石田村回望翠华庵

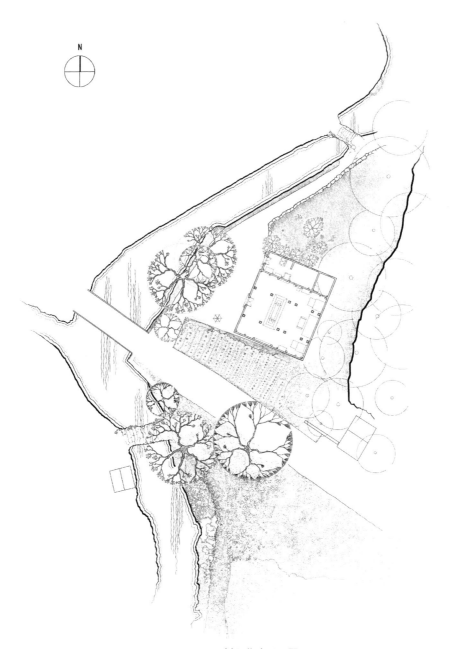

三石田村翠华庵平面图

第六章 | 水口实例

三石田村翠华庵轴测图

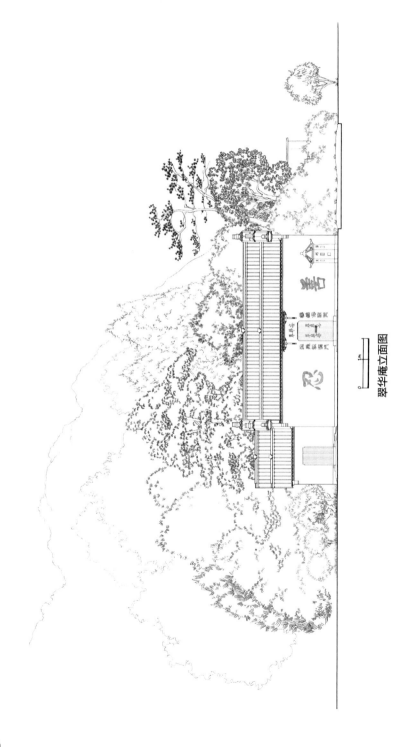

翠华庵立面图

6.2 下田村龙王殿

龙王殿坐落在兰江西畔大洋镇下田村村口的山脚，是一组由龙王桥、古樟、院墙和门坊组成的水口建筑群。相对所在的环境，作为主体建筑的龙王殿从尺度和规模看都不大，也是近年新修建的，但其所处的位置基本沿袭原有格局。我们从中可以看出，它是如何通过选址巧妙处理环境关系的。龙王殿北靠前山，南临小溪，占地不大，一道半封闭的院墙将庙宇分隔成内外两个部分。院内是用于祭祀的场所，院外则是略显野逸、卵石铺砌的乡村小径。中国传统建筑营造观念中的"人工与自然"通过院墙的设置而得以界定。进入庙宇，需要从西侧的龙王桥经过，沿着古樟、院墙和卵石铺砌的小径行走，直到门坊前左转，龙王殿才得以显现。这样的进入方式，虽然只是简单的一处转折，但通过路径延长引导的空间层次，增强了进入庙宇的仪式感，也颇有郊邑园林的体验。

龙王殿

龙王殿水口建筑群全貌

龙王桥

第六章 | 水口实例

下田村龙王殿剖面图

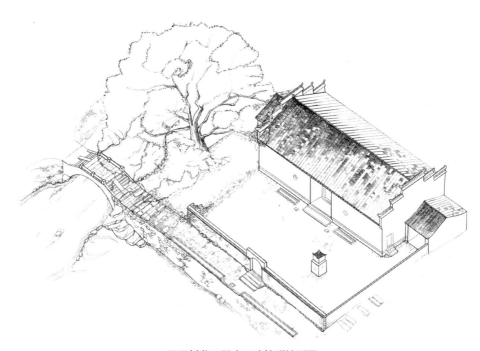

下田村龙王殿水口建筑群轴测图

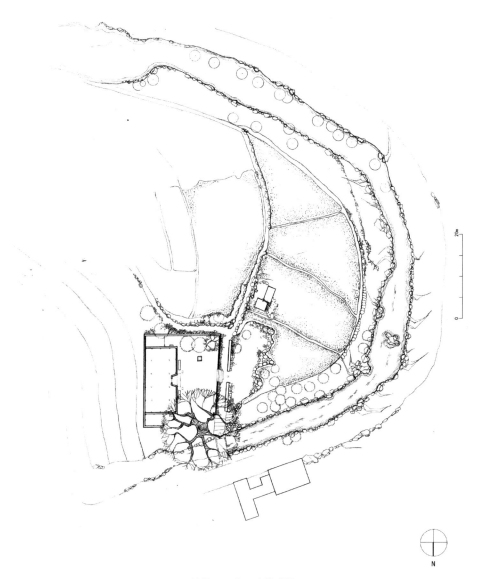

下田村龙王殿水口建筑群总图

第六章 | 水口实例

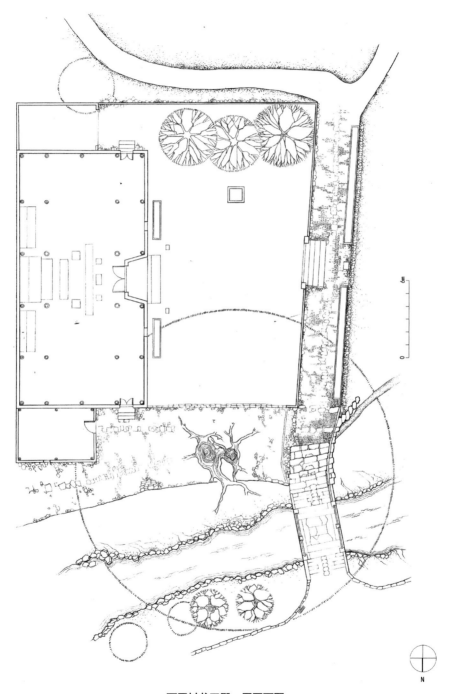

下田村龙王殿一层平面图

6.3 西坞村徐公庙

西坞村位于建德大洋镇，是严婺古道上较为有名的自然村。在西坞村，建有两座供奉徐堰王的庙宇，一座位于村落东南千米之远的外水口，称云峰庙；另一座在村内，是一座临溪而建的低矮长亭，称徐公庙。

云峰庙占地很小，由一处合院和跨溪而建的殿门口石拱桥组成。徐公庙则建在村内山体探入溪水的岩壁上，是一座面阔三间的低矮凉亭。凉亭南侧的山墙辟有小门，沿石阶而上，便是这组建筑的入口。由于狭长的地形所限和树木阻挡，徐公庙平面呈不规则状，入门即是一个小的折角，从而形成对树木的保护。这样的布局虽然十分紧凑，却映射了因山就势的营造观和自然观，可以说是巧妙利用不规则余地设计的经典案例。庙宇北侧的山墙，延伸出一段低矮的照壁，既作为栏板，用以保护行人的安全，也增强了整个庙宇"长而扁者为美"的视觉体验，在解决功能的前提下，又扩大了艺术效果。同时，矮墙形成的空间导引，也将凉亭、古樟和石桥连成一组颇具园林特色的环境群体，营造出与众不同的民间神圣场所，这里也成为村民活动的公共空间。从这个角度看，石桥、古樟和庙宇组成的村口空间，既是历史的，又是当下的。

西坞村徐公庙全貌

第六章 | 水口实例

作为导引空间的景墙

由村内回望徐公庙

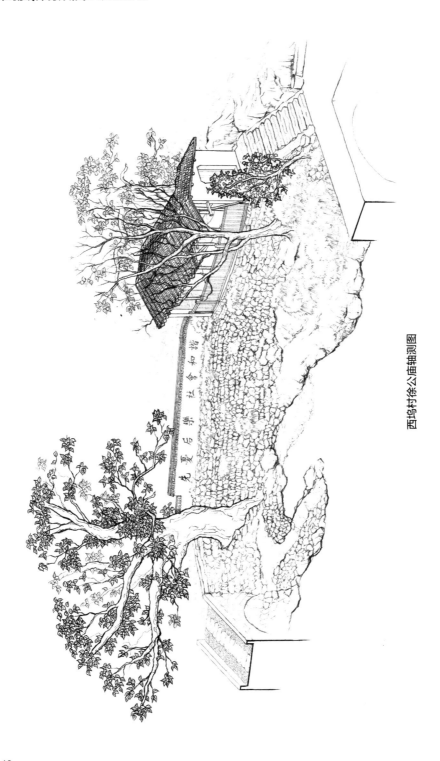

西坞村徐公庙轴测图

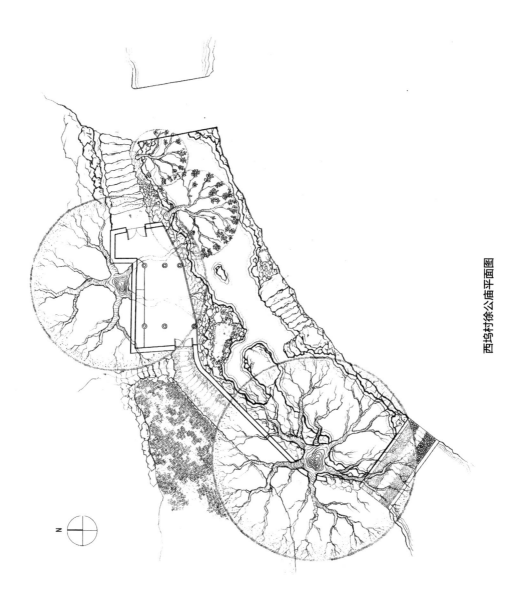

西坞村徐公庙平面图

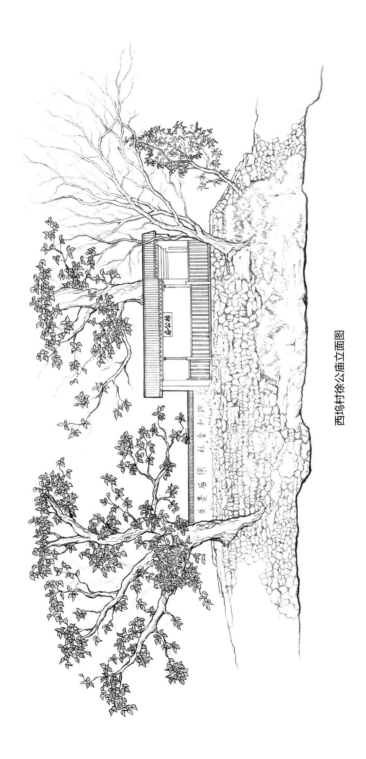

西坞村徐公庙立面图

6.4 童源里村经堂殿

童源里村是建德寿昌的一个自然村,村口两山对峙的谷口,便是水口。古樟树群、童源里石拱桥和经堂殿是组成水口的主要元素。经堂殿坐南朝北,是一座面阔三间、进深两进的山地式合院建筑。一条狭窄的山溪,环绕庙宇所在的山脚,曲折东流。经堂殿虽小,却涵盖了极为宏大的自然环境。和大多数水口庙宇的进入方式一样,经堂殿也十分注重入口空间的经营。庙宇西北的童溪上架有石拱桥,是这组建筑的起点,也界定了庙宇领域的内外。从平面格局看,这样的做法使参访者要转一个弯,才能曲折进入,其目的自然是塑造丰富的空间层次,强化进入庙宇的仪式性,烘托庙宇的神圣感。

据《雁门童氏宗谱》载,经堂殿是用来祭祀南宋孝子周雄的庙宇,其所在的环境被称为"周王祠庙",也是"童源八景"之一。这类建筑的建造,称赞了孝子周雄的丰功伟绩,也寄托了村民对历史先贤的追思及崇拜。在古木和古桥的衬托下,庙宇所在环境显露出久远的时间感和历史风貌,是一组极具本土民间特征的历史文化场所。

童源里石拱桥

经堂殿前的古樟树群

鸟瞰经堂殿

第六章 | 水口实例

董源里村经堂殿轴测图

153

童源里村经堂殿立面图

童源里村经堂殿剖面图

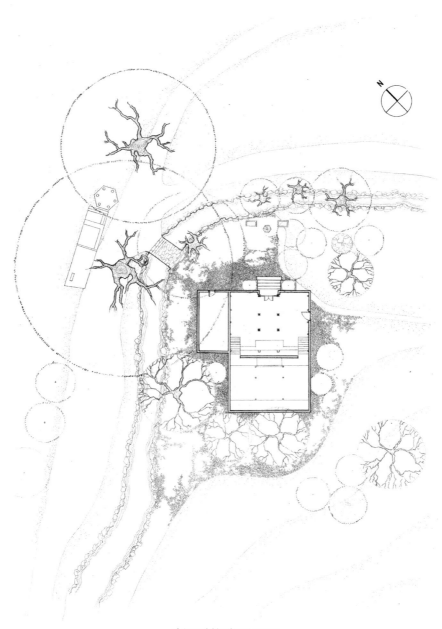

童源里村经堂殿平面图

6.5　石泉村宣灵庙

石泉村的水口由内外两部分组成，分别是位于村内的石泉村村口文化景观和村外的宣灵庙水口建筑群。建筑群设置在村外百米远的开阔场地，是屡经扩建逐步形成的。宣灵庙和土地庙是其主体建筑，分列溪水两岸。进入石泉村，要从宣灵庙和土地庙中的乡道经过，这种极具宗教感的进村方式在以往的调研中并不多见。从整体格局看，路南的土地庙规模很小，面朝对岸的宣灵庙形成扭转。这样的做法，使两座建筑虽然被溪水和道路隔开，也能通过方位、朝向的互动建立联系，形成完整的群体和空间形象。在石泉村，这样的建筑形象无异于普通民居，也并无慑人的体量和尺度，但匠心独运的空间处理，却产生了感染力极强的艺术效果。宣灵庙、土地庙、溪水和道路形成的空间组合，塑造了十分独特的水口环境，也成为石泉村入口空间序列的重要节点。

由村内回望宣灵庙和土地庙

第六章 | 水口实例

石泉村宣灵庙

宣灵庙和土地庙组成的村口空间

石泉村土地庙

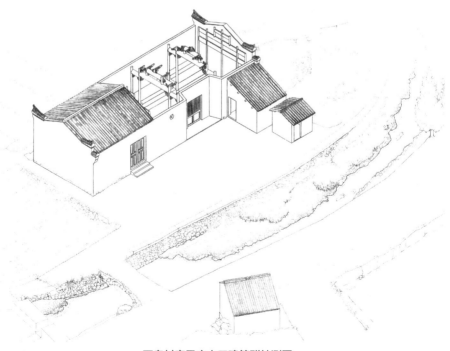

石泉村宣灵庙水口建筑群轴测图

石泉村宣灵庙立面图

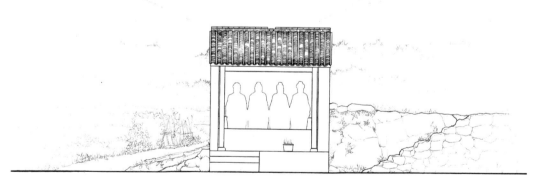

石泉村土地庙立面图

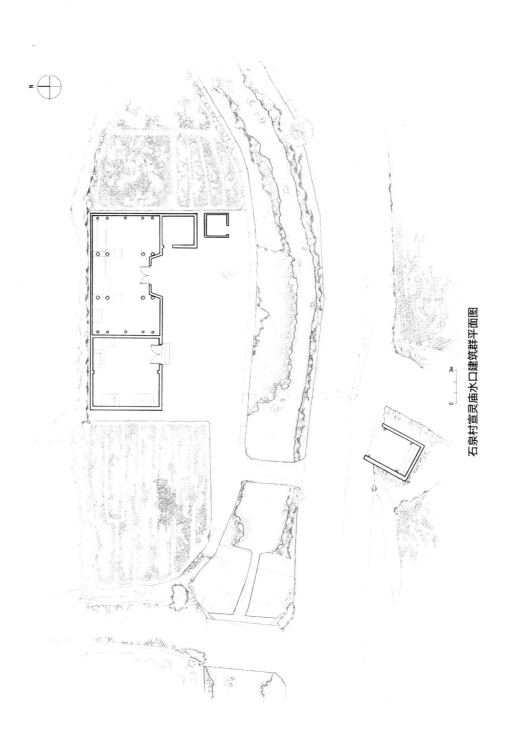

石泉村宣灵庙水口建筑群平面图

6.6 穆坞村碧莲庵

穆坞村在兰江西岸的穆坞源，地处山坞，是这一带的传统名村。水口位于村南千米之外的穆坞源源口，由碧莲庵、古桥和古樟群组成，整体布置在山体和溪水交汇的地方。碧莲庵是一座面阔三间，进深两进的合院建筑，坐西南朝东北。源中的小溪，蜿蜒曲折，自北向南从庵前流过，在石桥处转一个折角，朝南曲折流出。这样的景致，在当地被冠以"莲桥锁玥"的雅称。

进入碧莲庵的路径，是由位于庙宇东南方的古樟树群引导的，沿着山路进去，迎面便是浓荫遮天的古樟，即使在这样的空间行走，也能体验历史的久远。跨石桥后左转，再经过一段路径的铺垫，碧莲庵才逐渐显现。这种铺陈的方法，给人以曲径通幽的山林意趣。参访者在行进过程中，伴随路径的延长和曲折多变，也颇有行走在香道上的空间体验，进而烘托碧莲庵古寺山中藏的气氛。

庵前石桥

庵前由古樟树群组成的导引空间

碧莲庵全貌

第六章 | 水口实例

碧莲庵

穆坞村碧莲庵　轴测图

163

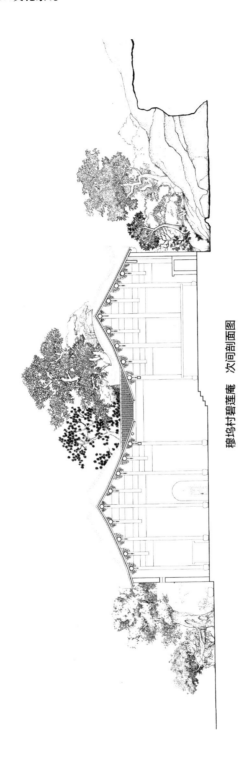

穆坞村碧莲庵 次间剖面图

第六章 | 水口实例

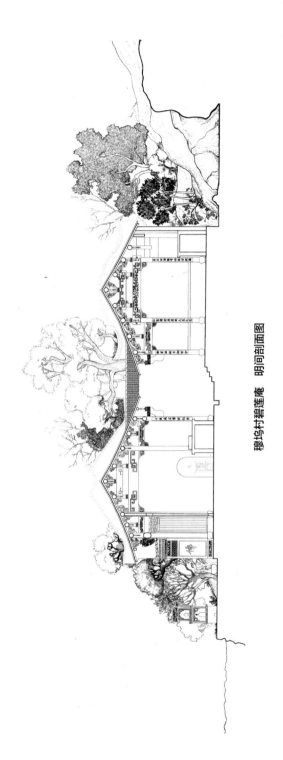

穆坞村碧莲庵 明间剖面图

165

兰江流域传统村落水口文化景观

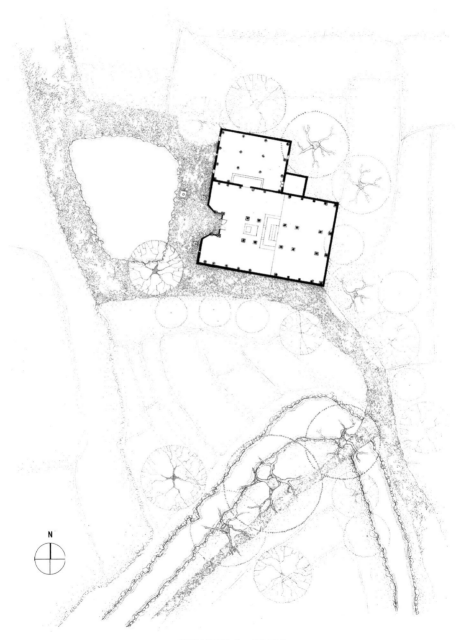

穆坞村碧莲庵 平面图

第六章｜水口实例

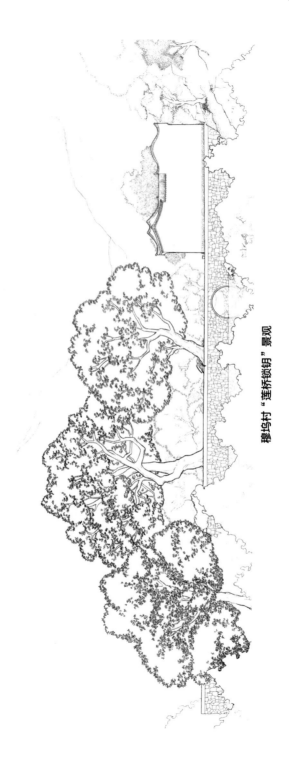

穆坞村"莲桥锁钥"景观

167

6.7 万田村灵应殿

万田村位于兰溪和寿昌交接的开阔地带,村子规模不大,东依瑞山而建。村中除了少数保留的几幢老屋和祠堂,整体风貌已被当下的新农村民居取代,但整个村落的结构还在,灵应殿依然是村口的标志,由它和瑞山组成的空间序列依然在进入万田村的过程中可以体验到。从村落结构看,灵应殿位于村东,是一座面阔三间的合院。一条小溪由北迤逦而来,环绕灵应殿,注入庙前的水塘。庙宇北侧,有紧贴山墙而建的土地庙。南部已被自发搭建的民居取代。新修的村道,从庙前经过,沿溪植有香樟。灵应殿所在的水口环境,既包含场地本身的历史、文化等信息,也包含当下村落持续更新与改造的信息,这种持续变更的环境特质,也为当下村落水口的发展、传承和风貌保护提供了方向。

灵应殿与万田村的位置关系

第六章 | 水口实例

灵应殿鸟瞰

灵应殿

兰江流域传统村落水口文化景观

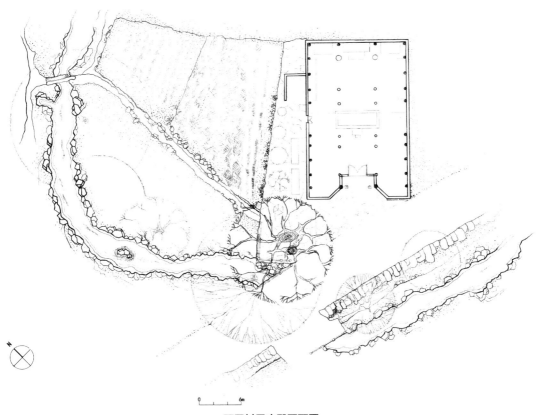

万田村灵应殿平面图

第六章 | 水口实例

万田村灵应殿轴测图

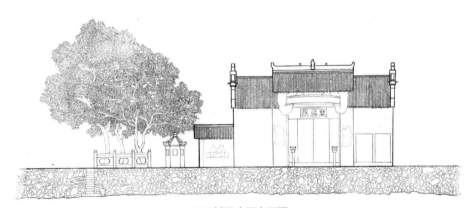

万田村灵应殿立面图

6.8 五白源村五白庙

五白庙位于兰江西岸的五白源村村口,是一处以庙宇、石桥和樟树组成的水口建筑群。溪水在村南的山脚下形成天然的曲岸,五白庙就坐落在曲岸沿溪的山脚。庙宇北侧为山丘,另三面被溪水环绕。从建筑形制看,是这一带常见的合院。正殿面阔三间,两侧设有厢廊,山墙为曲尺形,正立面朝向村落方向。由于庙宇所处的位置离村落还有相当一段距离,这种做法更强调了与村落的关联。进入五白庙,要先经过庙宇一侧的石桥,往前左转到庙前,是用于祭祀的场地,有一株新植的香樟。这样的路径虽然不长,但极具象征性,是建造者利用有限的场地加以布置的。这种跨越石桥再转入庙宇的手法,也使进入庙宇的前导空间有所过渡,在空间上不是一览无余,这也是兰江流域的民间庙宇通过曲折塑造景深和增大空间的常用手法,亦是兰江流域水口理景艺术的特色之一。

五白源村水口全貌

第六章 | 水口实例

五白源村五白庙

五白源村五白庙西立面图

五白源村五白庙剖面图

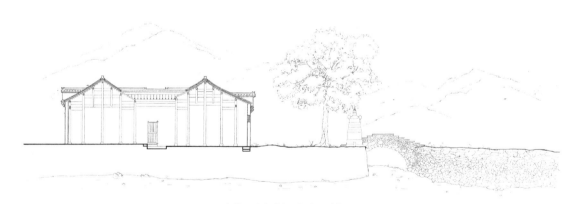

建德五白源村五白庙 4 剖面图

第六章 | 水口实例

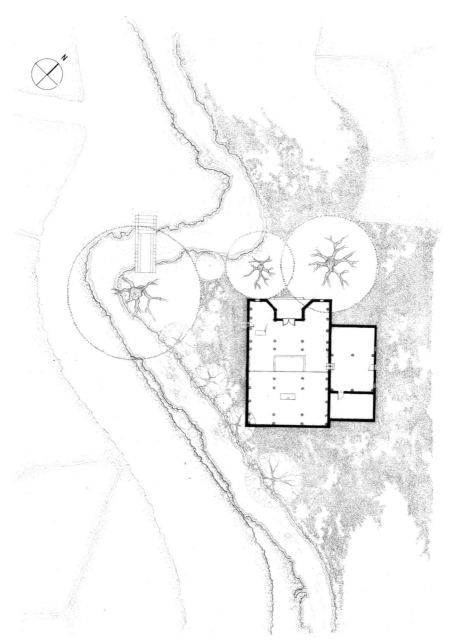

五白源村五白庙平面图

6.9 外罗村席氏宗祠和青龙庙

外罗村位于三面环山的山坞，一条小溪沿村西山脚曲折流向村外的地方，便是外罗村的水口。水口的山脚建有席氏宗祠和青龙庙，这种规模的建筑群，在这一带并不多见。

席氏宗祠坐东朝西，是一座依山而筑的山地建筑，前后两进，由门厅和大厅组成。跨溪新造的平桥是祠堂的入口。祠堂内部，因山势形成的高差，使步入门厅的人们只能以仰视角度看大厅，这样的空间处理，烘托了大厅的崇高感，也增强了大厅作为祭祀空间的神圣性。祠堂两侧的厢廊，在檐柱外又巧妙借用垂花柱的精妙结构，形成较大的悬挑，既增加了出檐深度，扩大了内部空间，又突出了大厅的主体形象和院落的围合感。

青龙庙在宗祠北侧，是一座坐南朝北的低矮小殿，可由宗祠外的小径进入，也可由庙北新造的平桥进入。小殿面阔三间，正中不设门，两侧次间的墙体各开扇面窗，可从中远望窗外山景，颇具山林野趣，是传统造园手法在水口理景中的具体应用。庙前是以院墙围合，用于祭祀的开阔场

青龙庙

地，两侧各设门。据资料显示，席氏宗祠和青龙庙都是近年所建，但由于两者的选址都特别强调与自然地貌的呼应，均沿山势布置在临溪的山脚。从各个角度看，都能形成一种以山体为主、庙宇为辅的图景，体现了传统建筑营造的自然观念。

通往青龙庙的小径

外罗村水口席氏宗祠和青龙庙

外罗村水口总平面图

第六章 | 水口实例

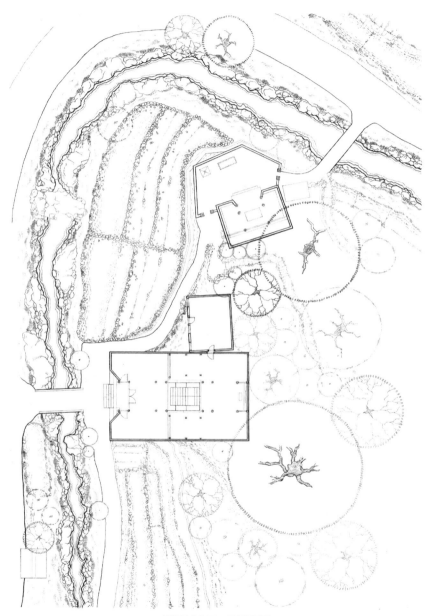

外罗村水口一层平面图

179

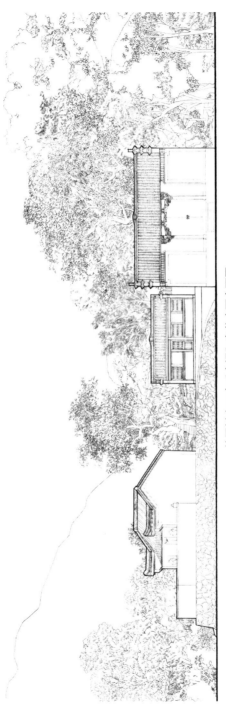

外罗村水口席氏宗祠和青龙庙西立面图

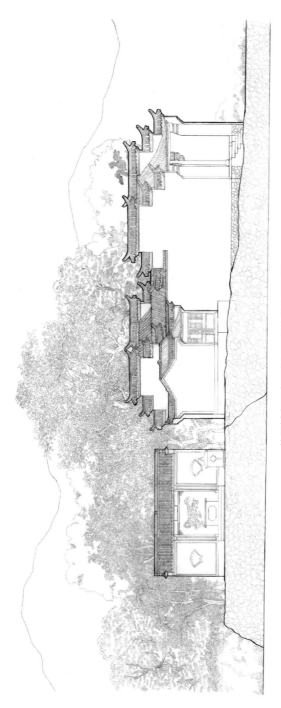

外罗村水口席氏宗祠和菁龙庙北立面图

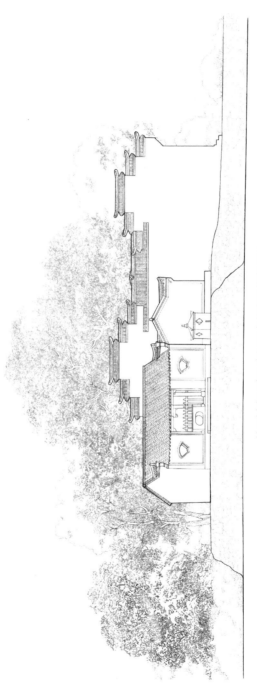

外罗村水口席氏宗祠和青龙庙西北立面图

第六章 | 水口实例

外罗村水口席氏宗祠和青龙面剖面图1

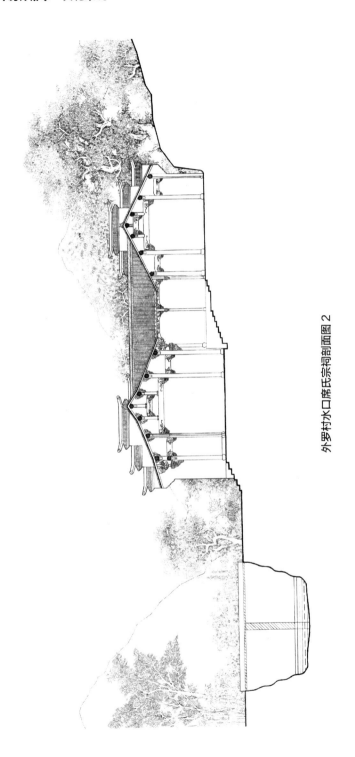

外罗村水口席氏宗祠剖面图 2

第六章 | 水口实例

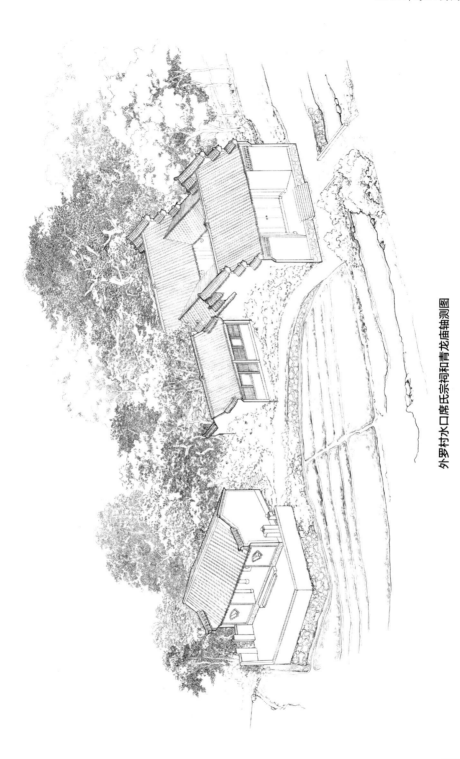

外罗村水口席氏宗祠和青龙庙轴测图

外罗村水口席氏宗祠和青龙庙轴测图

第六章 | 水口实例

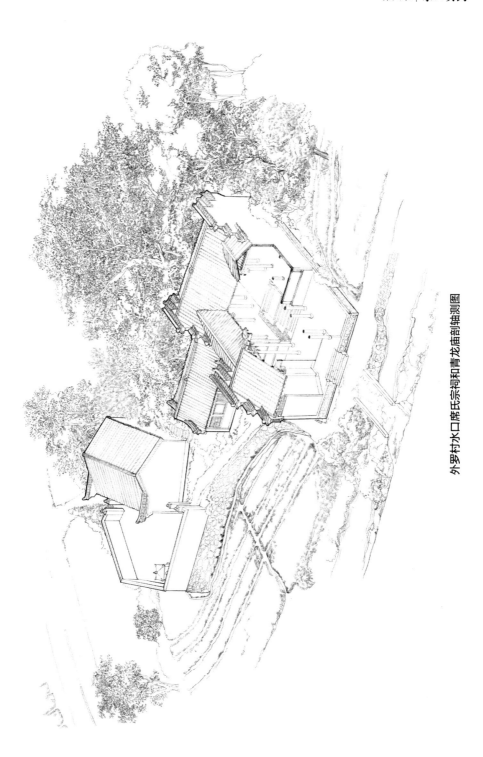

外罗村水口席氏宗祠和青龙庙剖轴测图

6.10 于街村水口殿和千八殿

于街村位于兰溪与浦江交界地带的山区，是典型的山地村落，有两座水口庙，分别是建在村头的水口殿和村尾的千八殿。

水口殿，俗称于街殿，是一座面阔三间的硬山顶建筑。其所处的位置，是两山对峙的天然谷口，距离只有二三十米。这样的环境，也符合"山到交时水口出"[①]的观念。殿前的道路，原是古时兰溪通往浦江、义乌的古道。因殿前地形所限，道路不够宽阔，遂从殿后劈山改道而过。从现场看，小殿背山临水的格局虽不完整，但以今日所存并对照水口营造的择址观。依然可以看出庙宇沿山脊布置的轴线。由于街村外远望，依然可见水口殿与村口两山在构图和形式上的关联。

千八殿坐落在于街村村尾相对宽阔的山谷中，坐西南朝东北，正对两山的谷口，在方位选择方面体现出很强的仪式性。整个建筑分前后两进，

千八殿

---

① （清）笪重光撰，犟、会格评《画筌》："山从断处而云气生，山到交时而水口出。山脉之通，按其水径；水道之达，理其山形。"

中为院落，依山势建造于山北的坡地上。前厅正立面居中另设高耸的门楼，强调了主立面的庄重感。后厅明间为抬梁结构，石柱六根，次间为穿斗结构，并不施木作，而是以彩绘的方式予以呈现，正中供奉千八将军。

千八殿与环境的关系

千八殿内景

千八殿总平面图

第六章 | **水口实例**

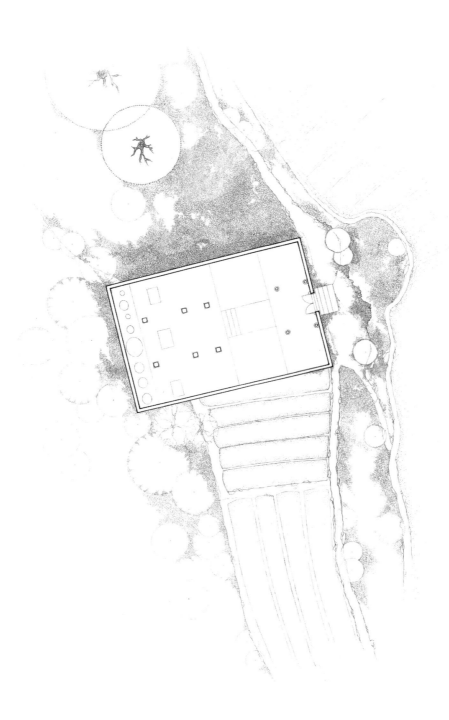

干八殿一层平面图

191

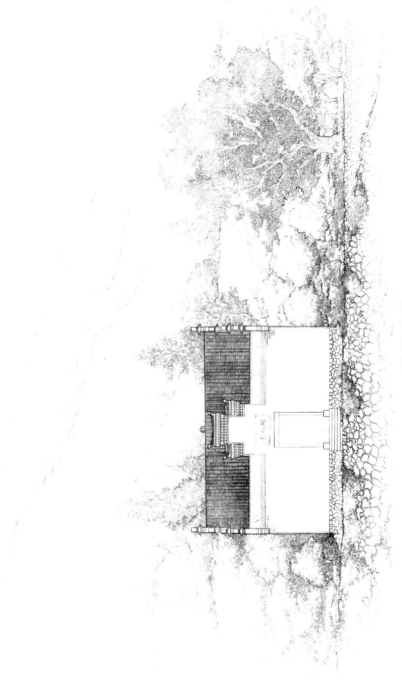

千八殿正立面图

第六章 | 水口实例

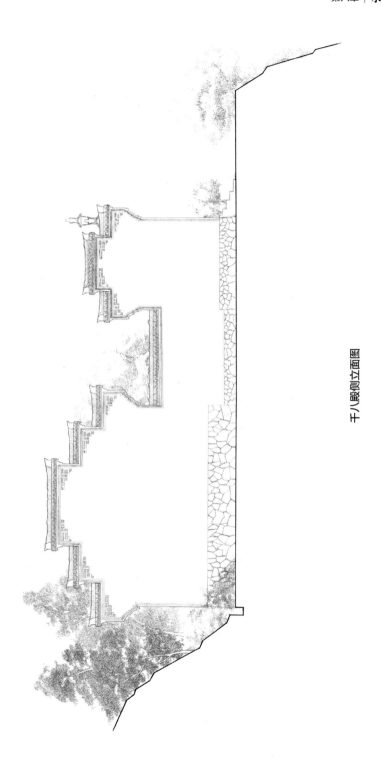

千八殿侧立面图

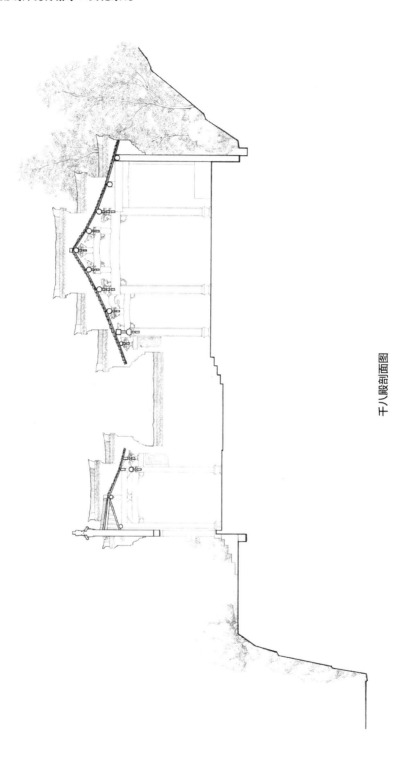

千八殿剖面图

第六章 | 水口实例

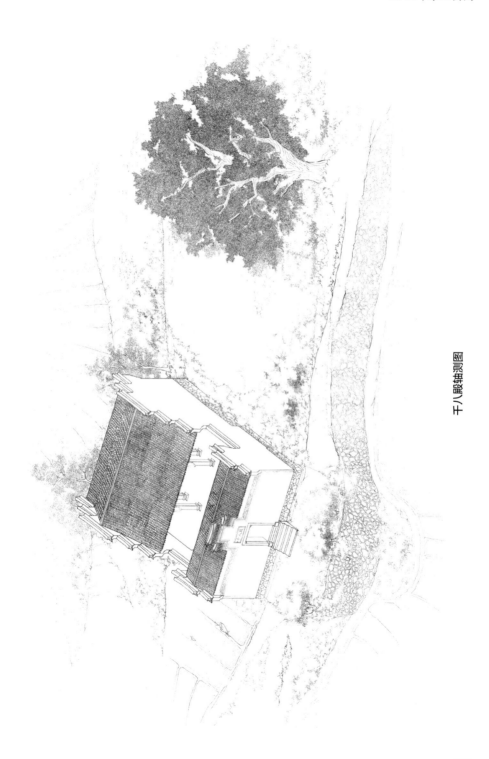

千八殿轴测图

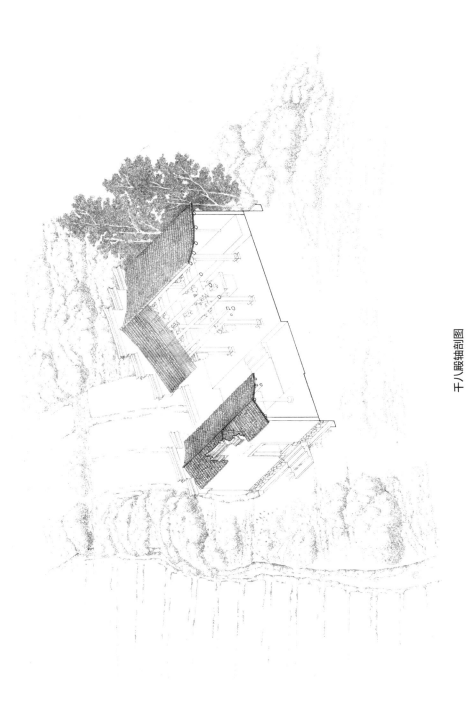

千八殿轴剖图

据殿内碑刻载,千八将军乃唐朝名将张巡之子,善于率兵出奇制胜,民间称为"千佰王",又因八与百的方言差异,而成"千八将军"。百姓感恩,而立庙建殿祀之。在殿宇东北的小溪上,还有一座简易的石板桥,南北走向,称千八桥。据村民讲述,千八殿原在桥东,后迁建至桥西的山麓。当下,因交通方式的改变,进入庙宇已不从千八桥通过,但跨溪而建的千八桥仍是庙宇前导空间的重要元素。

于街村水口殿鸟瞰

于街村水口殿正立面

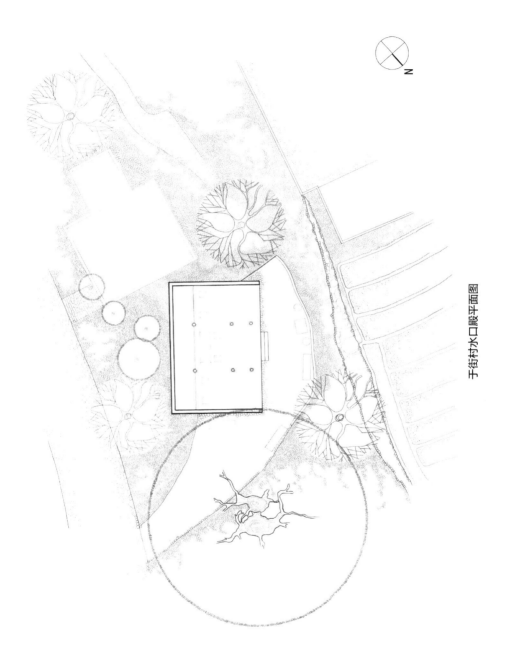

于街村水口殿平面图

6.11 镇头村乌龙王庙

乌龙王庙在镇头村西部独立的小山岗之上，是一座两进的合院建筑，也是这一带重要的历史遗迹。从山脚沿着卵石铺砌的山道行走，可达顶部的乌龙王庙。庙前是一个类似于前庭的开阔场地，乌龙王庙就位于山岗的中心位置。庙宇的四个角落，皆植有百年古樟。西侧是临水的崖壁，即使在这样的环境中行走，也能体验庙宇历史的久远。当下的乌龙王庙建筑群，是通过不同历史时期的修葺和改建逐渐形成的。山腰有近年来新增的六角凉亭，北侧山墙外有增建的偏屋。庙前是开阔的用于祭祀的场所。虽然不少加建，但基本上保留了清代重修以后的规制。

相对于所处的环境，乌龙王庙的建筑虽小，却涵盖了宏大的景观范围。庙宇所在的山体和古樟都是重要的环境系统，小山冈体现了精粹的艺术思想，尤其体现在对庙宇西侧狮子山的对景艺术。从整体格局看，乌龙王庙坐东朝西，面朝狮子山，轴线全长两百米。沿轴线依次布置后殿、天井、前厅、庙前广场、水塘和狮子山。从庙前向西望，可见远处位于庙宇轴线上的狮子山，而庙前台地带有放射状的卵石铺装，也加强了庙宇和前方狮子山的关联。这样的对景关系，赋予了乌龙王庙宏大的景观格局，也体现了中国本土神圣空间的塑造法则和传统理景艺术的高超造诣。

镇头村乌龙王庙

镇头村乌龙王庙建筑群鸟瞰

镇头村乌龙王庙全貌

镇头村乌龙王庙与狮子山的对景关系

第六章｜水口实例

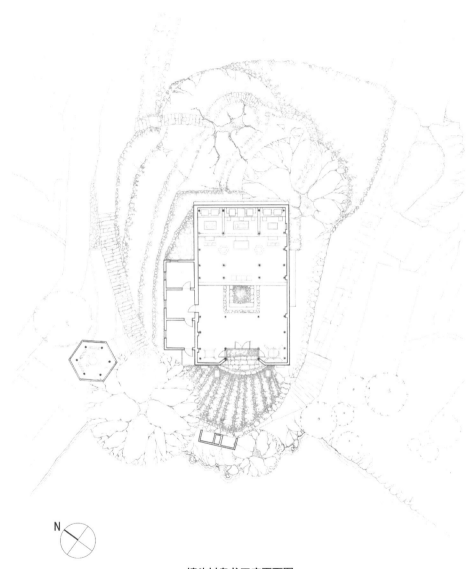

镇头村乌龙王庙平面图

镇头村乌龙王南西立面图

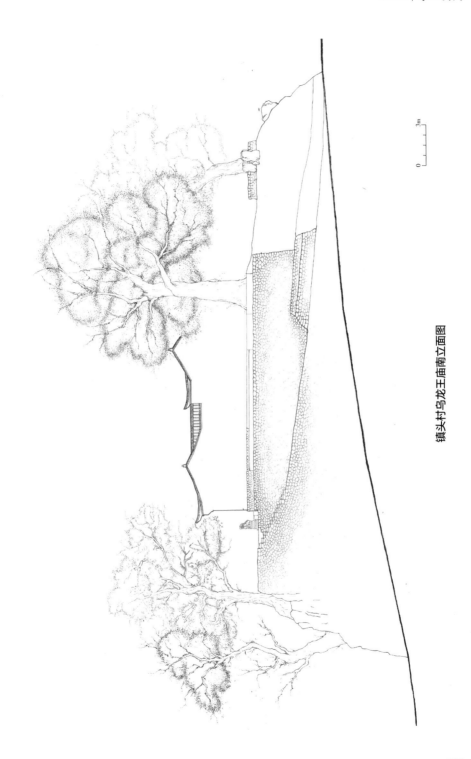

镇头村鸟龙王庙南立面图

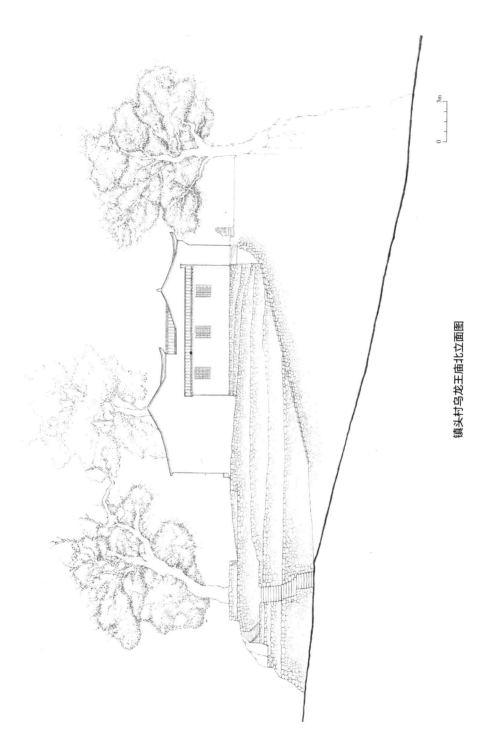

镇头村乌龙王庙北立面图

第六章 | 水口实例

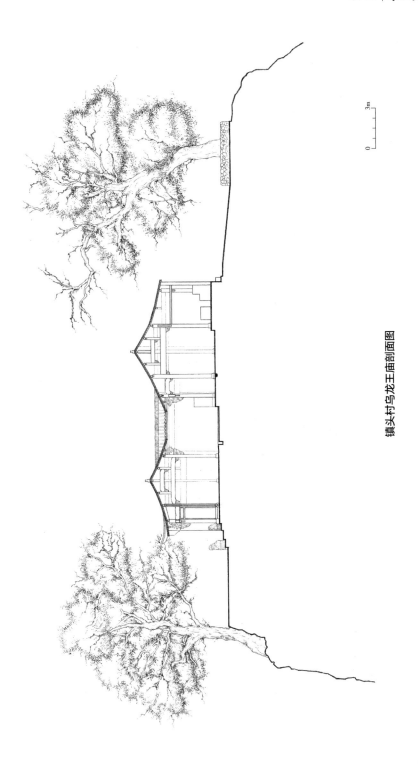

镇头村乌龙王庙剖面图

205

6.12　下金刘村白山殿

　　白山殿是一座低矮的三间小殿，坐落在下金刘村村东的小山岭下，这种格局本身即体现了中国传统建筑文化的基本内涵和尊崇自然的建造理念。在兰江西岸的黄店和大慈岩一带，历来有祭祀玉华山的习俗。附近许多村落都建有用于祭祀玉华山的庙宇，而玉华山的俗称就是白山，附近的庙宇也多以白山命名，古今多有名贤吟咏。李村白山殿、湖塘村白山庙和樟宅坞白山殿，都是用于祭祀玉华山的庙宇，也是中国古代民间山神信仰的重要历史文化场所。

　　白山殿东侧的山腰间植有古樟，樟树旁立有一座土地庙。进入土地庙，要沿古樟一侧的蜿蜒小路行走，距离虽不长，但这种由蜿蜒山势和古树组成的别致入口，表现出一种质朴的有别于园林的曲折意味。

下金刘村安置在山脚的白山殿

第六章 | 水口实例

白山殿与土地庙

白山殿正立面

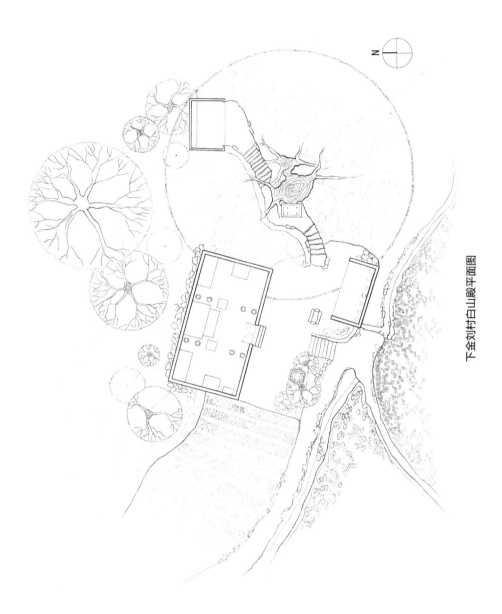

下金刘村白山殿平面图

第六章 | 水口实例

下金刘村白山殿轴测图

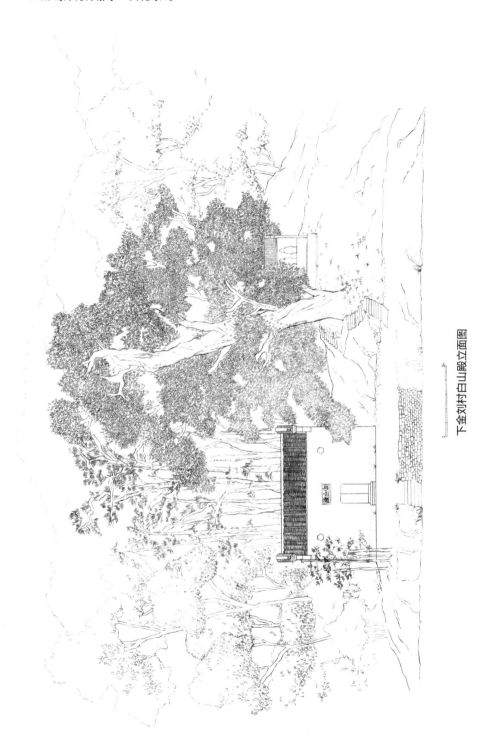

下金刘村白山殿立面图

6.13 双溪口村胡公青龙庙

胡公青龙庙坐落在双溪口村村西的山腰，像极了古画中的寺观。沿着村西河旁的小路行至山下，一段台阶组成的山道引导人们进山入庙。这是一座低矮的小殿，面阔三间，正立面不设门，掩映在松樟之间。庙前是一块不大的用于祭祀的场地。从空间组织看，胡公青龙庙十分注重入口空间的经营，通过路径的延长和引导，塑造了丰富的景致层次和空间深度，也强化进入主体建筑的仪式性，烘托其神圣感。从整体格局看，庙宇布置在山体东侧的山腰，形成一种以山体为主、庙宇为辅的图景。这类带有山水审美意识的构图和位置经营，使得庙宇极易被当作山体形态的自然延展融入其中，建筑与山呈现出一种隶属的组合关系。庙宇北侧和山墙外密植的松樟也极符合"烟村野寺，多用古木以掩其半，不则不见幽深"的画理，给观者以深远的想象空间。

胡公，原名胡则，是北宋时期的名臣，曾上疏朝廷并获准豁免金华、衢州等地赋税，包括兰溪在内的金衢百姓，至今仍为之建庙立祠。历史的变迁，胡公庙原址为民宅，当下的庙宇是双溪村民募集资金而重建的，胡公青龙庙也是研究中国民间胡公信仰的重要实物和文化场所。

双溪口村布置在山腰的胡公青龙庙

双溪口村胡公青龙庙

双溪口村胡公青龙庙鸟瞰

第六章 | 水口实例

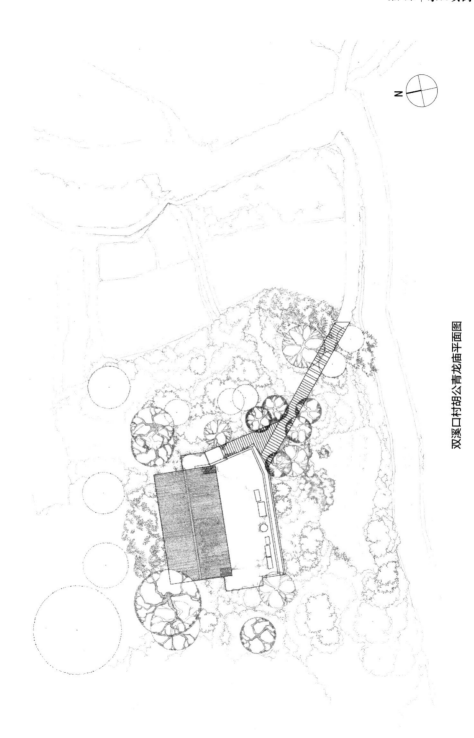

双溪口村胡公青龙庙平面图

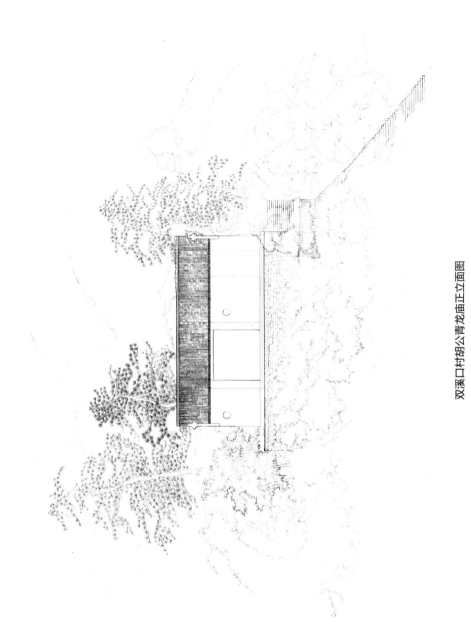

双溪口村胡公菁龙庙正立面图

第六章 | 水口实例

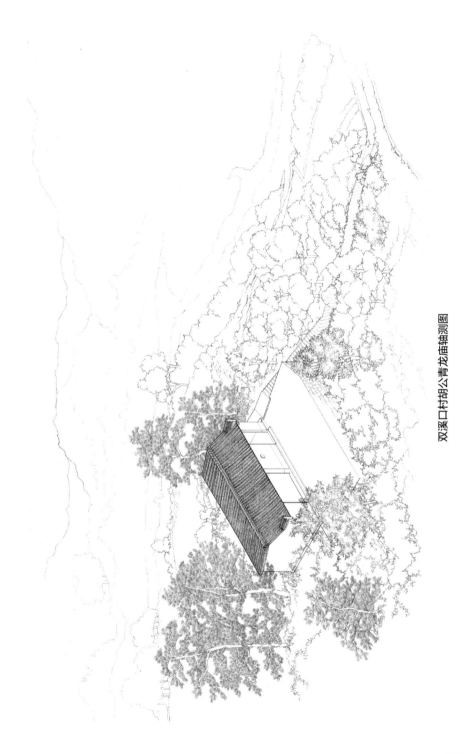

双溪口村胡公青龙庙轴测图

附录一
兰江流域传统村落中的水口相关资料

《东鲁唐氏族谱·绍芳堂记》

嘉靖乙卯三十四年,天时地利,君正人和,万民乐业者,是岁也。冬十二月壬寅之吉,寒极阳回,兴工架造,继绍祖风者,是时也。青岩障列于后,玉华昂耸于中,三峰环绕,白露萦回,柱峰东振于水口者,斯地也。讳曰廷趯,宽仁大度,俭让温恭,和亲睦族,率众成功者,斯人也,宋南陵公韶之孙,武翼将军次子,讳圭,字君锡,出继寿昌上金刘姓六宣教以为嗣居于此,凤凰翔集于舍北,骅骝驰骋于道南,山水环抱,林木畅茂,通衢往来,车舆代步,场圃筑前,果园树后,池塘蓄鱼,延宾待友,濯热盥凉,亭馆清幽,如斯之乐,夫复何求?

公营宅第历三百余年矣,世远人疏,厅堂漏烂而颓败。暑月群居,族长良佐等感而相谓曰:"昔吾祖宗创置厅堂,皆由忠孝勤俭成立,以继后世。今已至于颓坏不理,子孙诚为不肖不孝者也。吾年衰老能说不能行,汝等后生何无一丈夫肯主鼎新革故之意者哉?"趯等起而答曰:"非无丈夫,但众事毋敢独尊,须得公直贤能者数人共成其事,可也。"佐曰:"汝肯为乎?"应曰:"诺。"遂谋于族之英俊,公祥、公宾、公衡、廷迓等,议曰："厅堂颓败意欲更新，资财寡鲜，难成大事，吾欲汝辈同竭心力，以利于众，可乎？又必须三房内有公直者，不以家财而论，但取忠正为先。"于是推点八人共主其事，廷迓、廷迪、廷暹、廷造、公祥、公宾、公衡等八人，取众资三十金，均坐受放。每岁新正交对，累一纪之余而成四百金矣，欣然有架造之意，忽于甲寅季秋静夜，韶祖神前炉光焰焰，邻居廷逭惊起而看，炉无火星，复寝而复焰，次夜亦然。即以此言告于众曰："诚有此异也。"暹等闻之，遂设香案请召乩仙，乃韶祖亲临降坛，书之曰："门面人家不可无，缘何我派子孙愚，不思大道惟思利，但识身谋不识书。厅宇玲珑如古庙，茶堂洋溢似西湖，可羞合族多少，应任全无一丈夫。"又书云："冠盖相传数百年，至今人羡我三泉。先朝弓马称良将，今代文章出状元。慨嗟吾裔无豪杰，备述良言勉后贤。"又书云："吾家将相原多种，怎奈男儿不读书。贫弱但知林野老，富强甘效守财奴。坐谈荣重金银贵，交际那知礼仪疏。运育虽然宗我意，无征不信反为迂。"直书宋南陵令书，勉后贤门高人，贵裕后光前，读书至紧，教子为先，斯言切记，慎勿为淹。香炉光焰乃吉兆也，于是激发众心，请拣良利年月，兴土木之工，助资费工力，攒造经一年而此堂成矣。

族宦小渔公闻而喜曰："吾族廷暹等鼎新堂宇，以光先世，虽然出继刘姓，实系韶祖后裔，昔祖居三泉，曾建燕身堂、逸老阁、齐芳书院、常延仁山金先生讲学于斯。今暹等亦构此堂，诚能善绍先人之功绩也。"敬名其堂曰：绍芳堂，是为记。或曰作此记者谁也，乃曰首领内公宝子（邦正行仁九）悼念其父，因构此堂，过用心力致疾，以殁其身，故作此记，存于谱牒，以俟后人知造厅之由也。故录之。"

岁

万历癸酉孟春月 韶祖派下十四世孙（邦正）撰

《社峰吴氏族谱·附谕俗锁言》

按：社峰脉势，发祖于白佛过峡，明因之岩，传送夏家之垅，起伏蜿蜒，八宝何楼诸峦转折飞舞而来，结为始祖阴垗，直走溪滨，复辟为通族阳基。凤树虎表，雄踞其后，东畈开阳，其前黄沙插笏于天门，石岩拥塞于水口，西湾为之华盖，满塘岗为之护龙，溪流环绕为之襟带，即远而永昌貔殿等处皆为捍门重锁，此形家所称最胜之宅兆也。顾天之所开，在乎人之所成，修而培之，地灵乃人杰矣。迩来人乏周垣之虑，家兢谋瓮之私，研池任其溷污，几案任其破碎，甚有凿来龙以濬沟洫，掘要害以缮埔墁，惟知利己不顾损人，要之脉伤气泄，终归于人己俱损耳。譬同舟然而有凿私窦，以便汲爨者，一己诚便矣，顷之水浸入而舟沉，能保不胥溺乎？鲰愚目窥岁变，心仅杞忧，窃谓修谱牒固足垂子孙不朽之征，而修堪舆尤为巩子孙不倾之业。知音赏识，思患豫防，是有望于达人。

《社峰吴氏族谱·社峰志略小引》

从古兴作必有撰述以志之，一以见前人创造之艰难，一以著当时所重之亟务，非徒侈文章，夸成功已也。吾族自杜塘迁社峰，原分十八厅门，胪列旧谱。自明万历丙辰后，迭有兴作，前贤皆有序文以著。其原而繁杂猥琐，不能一一尽刊，今约略汇为一编，以悉颠末。庶使后来有所考据，以启观瞻云。

本族阳宅坐西向东，水法自北趋南，龟山后镇，长蛇交锁。所谓金羊会癸甲之灵者也。瀫西形势，吾族实称最焉。但巽巳丙三方虽有黄殿山特立为捍门，而内地平沙旷野，似为空缺，愚不揣形倡议宜为补障，时堂兄元彦、元乔两太学士，晬生、君求两文学相与怂恿，于崇祯四年辛未间，偕予五人各捐己资，据众当得七十余人，共襄厥事，议建石桥以为关锁，东镇文昌阁，西峙汉寿亭侯庙，庶尽形势之胜。迄今癸卯冬，四兄相继捐馆，赖吾姪希孟、云章相与戮力而阁已成焉，其石桥已建于顺治癸巳秋，而寿亭侯之庙尚缺如也。

吾族旧有汉寿亭侯庙，高峙于满塘冈中坡，不知创始何年，似取形家骑龙局者也。庆祝圣诞，咸会于斯，近因庙外凉亭流丐聚宿恐秽神灵，爰于乾隆四十九年甲辰，议建新庙于水口之西，以成先人之志，询谋佥同。恖恵从事。二月间，先将神像舆请于隆兴庙供奉，随度地于龟山下七斗田内，至八月十八日选匠兴工，不日告成。十一月初五日迎神登新庙，次年乙巳彩漆，五月十一日吉旦开光，通族会庆。予为文以祭之，自社麓公经营于顺治癸巳阅今一百三十余年，缺如之典一日补完。专司其任者济惠、惠安、大奎、雨碧，而庀材谋构光照与有劳焉。社麓公有知，当亦嘉慰于地下矣。虽然东西两庙今已告成，洵足关锁水口，而石桥平窄，尚非壮观，倘能改造卷虹，跨耸于中流，与两庙鼎峙，矗似三峰，更足占形胜，而裨益尤多。但族中历年兴作，如整修大祠，广增祀产，新创神宇，修辑宗谱，研池石堪，种种浩费勉力支持，若加以桥役，深虑财匮莫济，盖目前祇得姑阙，俾稍稍息肩，再行会议也可。

童坞山松木本族有无知敢违旧议，于乾隆四十六年九月，经官立约刊载于大祠冬祭会簿。

满堂冈殿基及余地细号亦备载

涧淑人氏志

《社峰吴氏族谱·咸丰丁巳岁修谱附记》

文昌阁旧制恢廓，有前后两殿，前祀文昌帝，而以后殿为观音堂，祀观音诸佛。至嘉庆二十余年栋宇攲倾，正殿势已就圮，唯观音堂可以栖僧人。道光纪元岁次辛巳合众捐资修造，始议于桀阁上建重楼以供奎宿，而于南首先建侧厅三楹，以安神像。采辨石柱悉已运归，以费用浩繁，支销不济，遂至中止。自是后殿亦复渐倾。住僧散去，而匪人乞子群然偃息，于其中过之者，每为之触目伤心。至戊申冬复有倡兴重建之役，议改桀阁为平殿，俾后易于修理。而后殿与旁屋皆构造完备，重募僧主持焉。族中乐善者又捐田租给僧，以供香火。与关帝庙东西对峙，并有鼎新之象，惟虹桥可为锁钥，尚待修建。前洲近被水冲坍，尤资培筑云。

关帝庙自移建后，至嘉庆戊寅岁重为修理，施以丹腰，气象一新，嗣缘白蚁生灾，甫十年而榱栋倾颓，竟成空址，不得已移神像于隆兴庙，至道光三十一年，辛丑方议捐再建，其规模皆循旧制，但其址在龟山之麓，山上易生白蚁，是所赖于族中人时为留意，频治而去之，俾殿寓得以永固斯为幸尔。

华三七公小宗祠。于道光间前座倾圮，惟后座楼屋尚存，然瓦漏墙颓，龛主废坏。道光三十年派下始议修建，改楼屋为平厅，奉安先主略为整顿云。

童坞山，为一族住宅来龙命脉，旧谱所载议约，无限慎重。今于向之所植松木，已不肯保护，而开掘损煞又时见之，是所望于族众，同心共为培补而严禁云尔。

《坦源周氏宗谱·赠义士忠隐岘坦阳宅图》

萧氏云：普天之下，地界大小不等，可迁京省州县者，可迁市镇乡村者，天形地势美恶不同。予闲游田野，遍视山川，行至兰江，果见绝奇之境。寻来岘坦堪羡幽雅之基，忽闻义士三畏隐居于此，静而观之，诚可表也，由是特申数语而言曰：山有八峰之秀，护水有九曲之流，停而五两屏塞居水口，万罗峰矗挺源中，牛岭回环，既似朝来五气，鹰岩倚坐，何殊列拱三台。

询大壮之堪夸，俨若扬须鳌体，爱小蟠之人，书犹疑变化龙门，或曰，此非西岐之旧址，吾必谓大有兴周之美观，因作七言以赞之：喜观岘坦独兴周，鳌局开基数万秋；乾坤艮巽峰高耸，南北西东水尽收。山尖凸秀皆环绕，谷抱岩深并锁因。芝兰源里人烟阔；秀毓龙开富贵悠。

  杭城萧氏 洪治谨题

《龙岩黄氏宗谱·佑塘佳地记》

  按佑塘诸山皆严之支附，蜿蜒起伏，直走甘溪直湄，融结以为佑塘之地。故山峰蟠其右，柱峰踞其左，道峰峙其前，露峰拥其后，而秀气锺焉。四顾之山，自东而南者，皆建德塔弹、余粮诸山，如屏如障，踊跃翔舞；自北而西者，皆寿昌玉华、大慈诸山，如旗如鼓，楼台殿阁环绕罗列，有天然之城垒。以芝溪社溪之水，皆数十里奔流回合于其前，汇为巨浸，而东汪之。

  水口则有望云山，头如天马；高桂山尖如覆釜，两山对峙，横镇水下，此则佑塘之大观也。予友人黄时高佳城寄焉，时高晚厌尘世事，仍摒弃家政，隐居其间，读书以自乐。暇日予过访焉，因出八景卷，命予诗以咏之，予未有以答也。于眺览之余，姑为纪其胜概，如右云。

  时弘治十一年秋 枫山章懋书

《瀫溪吴氏宗谱·立禁例规》

  一合族公议龙口塘塍松樟等木一上皆沿龙梗地。上有老樟木一株，一东北园笨小塘边，地上有大枫木一株，概入敦睦堂众会，培植留养，立有字迹，批明在谱存证。不宜削桠砍伐，如有不遵宗法，违悖公议规则者，合族共去攻之，即行责罚。此为通族来龙水口，由关紧要，宜其木林叶茂高大为佳。今当民国四年桂月，修辑家乘之期首事在局同商理论，众口皆然，即将本族一切水口来龙古木一一备刷存谱遗禁，俾后世子孙知其所贵重云云。

  民国四年岁次乙卯桂月
  谷旦 敦睦掌首事人等谨志

《杨塘东阪叶氏宗谱·叶氏规例具载于后》

自义问公起,朝代数来三十二代矣,因于来龙山场树木不得聚禄,而子孙尚未依旧为根源,既之,同治甲戌年间,嗣后欲意聚禄水口树木,不得铲削山场祖坟基,损害阴功,子孙不能上达,意为本心,其意一也。修其祖庙,设其裳衣,自天子达于庶人,诸侯朝于天子,而乃九族人之大伦也。诗云:桃之夭夭,其叶蓁蓁,之子于归,宜其家人。而后可以教国人,仰其父母,训其子弟,自祖以来,敬其所尊,爱其所亲。嗣后子孙因风多端,祠内罚众同心协力不可奈惰,上好礼则民莫改于义,故君子必慎其独也,凡我族人尚其劝之。

大清同治十三年岁在甲戌孟春月上浣之吉

裔孙三十室汝芳同撰

裔孙三十一室树源

附录二

《东鲁唐氏族谱·下唐阳宅记略》

  瀫水之西,隶居于纯孝乡者,惟十三都风俗最朴,人物亦颇韪。宋孝宗时,宣义郎唐光朗公,由篁屿徙焉,其裔孙复卜筑下唐。阴阳是相,土木肇兴,嗣后绵甒衍椒,人文鹊起,历元而明,而口熙朝寖炽寖昌者,已三十余世。

  余于同治癸酉,忝登乡榜,诣下唐外首拜奠祖茔,尝便道躬造其宅,凭眺四顾,晋明山遥拱其前,秀峰矗立,隐见云雾中。近案则桐木山也,左有低山数股,重叠拥护,其右十数武乃西流水环之,而隔溪诸山,若铁耙,若金字,若飞凤形、半月形,首尾相衔,屏张面面,合外堂白露山,均为斯宅之右,卫其后龙,则自茅庵尖乌得岩而来,蜿蜒起伏约行六七里至郎藤冈,支析为二。一支右趋为阴龙,向下结穴,即余先祖之墓。一支中趋而下,复突起冈峦为阳龙。其渐低渐坦处,悉唐氏族众聚居之地。余流连者久之,觉局面虽不尽宽敞,而峰回路转,树古烟深,令人意远,今屈指阅廿二秋矣。

  余就任冷官,羁身他郡,不获与故乡诸君子时相过从,曷胜悒悒。适世姪明,经唐子骏邮寄属余撰记。余思乡之念倍綦切,焉其忍以不文辞哉。爰据曩所闻见而记其梗概，如此若夫唐氏子孙日就显盛，其为宗祖之庇荫与抑为山川之钟毓，与固有一而有二，二而一者已。

大清光绪二十年岁次甲午黄钟之月

现任海宁训导同邑吴金生岳云氏谨撰

《东鲁唐氏族谱·柏树园阳宅图》

明嘉靖年间，叔祖忠六十公，由三泉之下宅，创居于四石桥东，建宾峰堂。嘉靖乙丑，钱塘进士李智学为之撰记，尔时族称之为下新居，即今柏树园是也。此地基分八卦，极协三辰，上接清泉，下依乌石，前多叠嶂，后有环城，兼之左则钟英于柱麓，右则毓秀乎道峰，而角分派之叶颂三斯者，适际其间，诚天造地设，可使万亿年之下，永蔚为望族矣。矧自明迄今则处，几有四百余载，知不特柏树森森，龙山继继，为足微兴，富贵于无穷，发子孙于无疆也。惜前人谱修数次未有议及刻此图者。今幸族兄锦江等皆踊跃于斯役，以补前人所为，及为之绘刻一图，良以浏览，得山川之胜，登载增阅里之荣，予穷其义而特书之，亦聊以永垂不朽云尔。

大清光绪二十年岁次甲午孟冬之月望后穀旦

族裔森缵舜谨识

《兰江牛社陈氏宗谱·牛社阳宅图记并序》

宅里诗云：维桑与梓，必恭敬止，谓父母之地，所当尊也。毕命篇曰：表阙宅里，示为后者所当知也。予族由睦之柏江徙居兰江望云葱园，居二世至四世，即有徙居外州外郡者，年代既久，播迁益远，苟不返里，安能尽识祖先之里宅乎？今特摹牛社阳宅图以为后人鉴焉。

牛社祖宅在县西北三十五里，宅东有紫山，西有前山，均发源于余梁山，由北蜿蜒南行，高山巍然南立，宛若圆珠，故本村阳宅有双龙戏珠之形。宅中有小涧，分宅地为东西两区，故又有棋盘形之号。北邻建境芝溪仅十里，南距都心黄店亦十里，东与盘山相去十五里，西与三举山麓仁山公居址上金相去约三里，盖吾族肇自辛罗公传至楹公已数百年矣，其地即今十四都四品纯孝乡循義里云。

乾隆戊辰年十一月望日

三十一世孙思贤记并摹像图考言谱事

《兰溪葱园陈氏宗谱·豹峰井里中宅图说》

余族尊二公自宋咸淳间，卜迁豹峰东，曰湾里。至乾六公转徙豹峰之西，择井里聚族而居焉，遂渐昌炽。其阳龙发脉尖峰，迤逦而来，星辰博换至狮山下，化阳铺张，水抱砂环，重重关锁，文笔峭拔，代产秀良，中宅之吉秀，又何疑哉。所虑者，南有石岩山，烧灰采石，堪舆家谓旗鼓山，打破有碍科第，信如斯言，岂人杰必地灵耶！然他族阳基，未必较胜予里，旗于何求，鼓于何取，而发科第者，代有其人。人杰又何尝必地灵也。吾迄无定论，惟冀秀良子弟，奋志龙门，题名雁塔，因而邺墅，增辉山林，炫采焉。此而谓人杰也，可谓地灵也，可谓地灵钟人杰也，可即谓人杰致地灵也，亦无不可。

裔孙泰清沐手谨识

《平阳五湖舒洪二宗家谱·午塘舒氏风土记》

烟居稠密，树林阴翳，毓然深秀，郁郁葱葱。其山之远朝近拱，高为嵩，大为宫，小为霍，回环缭绕，前后脉络，起伏有情。宅前有白雁塘，为收水之处。其宅之左首则有大午塘，宅之右首则有广周塘。而门口塘、里塘、卸塘又在通宅之中，不啻襟带之垂、鼎足之势，非寻常之村落可比，岂徒田之膏腴，民之殷富，堂构之美轮美奂而已哉。

今春，族中修谱，请余序言，以并其首。余细阅其谱系所有历朝迁徙之迹、先人安厝之图俱备。登诸家乘，而于聚族而居，山川清淑为一姓，地利所钟毓者尚缺，而不载何以表前人卜宅之盛事，而贻后代安土之美谈也？工将告竣，因复徇诸公之请，而志其大略如此。

时道光二十一年岁在辛丑季春月之吉

敕授文林郎 分水县教谕董长庚拜记

《平阳五湖舒洪二宗家谱·午塘阳宅图记》

宅以塘名，志地也。古者胙土则必命名，别其地也，之江以江名省，激溪以溪名县，其地之大小不同，其命名取义一也。离城之北，渡河而西十一都三图者午塘居扼要也。究其名之所自，昉近宅东有塘，名曰大午塘，方而阔，窈而深，三十余亩，乃袭其名名之也。自宋末元初咸淳间先祖洪裕六公以其地雄胜，继舒而卜吉焉。相其阴阳，观其沈泉，度其隰原，略而弗论。其中鼻祖之庙堂曰"永锡"，上、中、下分为三宅，曰"三瑞"，曰"尚志"，曰"叙睦"。其余瓜瓞繁衍，派别枝分，指不胜屈，相与聚庐而托处者，律以乡则不足，较之尝而有余。屋舍俨然，园囿汗池旷然，山林川泽郊原荡然，岂非天造地设，以俟我创始之先公。而开千万世子孙之基业者与？旷览之顷，万象森列，东望董狮河上诸山，出没隐见，若侧若正，庶几灵秀之所钟乎？而其南则后山，似游龙蜿蜒而来，蟠绕其下，阳龙之所由生也。西望上宅，草木荫翳，略有平坦，古井殿基，三瑞堂之遗址，犹有存者。北俯白雁塘，亩计百廿之宏水，潴九泷之胜，以其形似雁即名，且名邑。乘而其上之洋塘，洪山裕六公之墓在焉，见之令人有法祖之思。迄于今五百余年矣，公之后裔继继绳绳，食旧德者于斯，服先畴者于斯，思古处而尚敦庞者亦于斯，皆我先公卜吉之赐也。人杰地灵，是耶，非耶？辛丑之春三月，既望修辑宗谱于永锡堂之阶西，良工镌宅图以赠，绘于片之楮间赏诸重席之上。直欲效耕织图于盛时，复欲追豳风图于古昔，予嘉其图之克肖,因览山水之雄胜并思命名之取义也,于是乎书。

时

道光二十一年岁在辛丑三月之吉　阖族后裔敬识

《平阳五湖舒洪二宗家谱·黄藤坂阳宅图记》

坂曰黄藤,迁为住宅。其地荡平宽广,南接午塘,北连舒园,垅自董狮山而来,水收白雁塘之盛。下宅先祖寿五公入泮后好读书,至老不倦,因嫌居场杂嘈,携安人戴氏子一孙二离东宅梓里,卜爱居爱处焉。记其时乃在明永乐之末年也,延及数世,衍庆螽斯,祥歌麟趾,乃择胜于聚庐中,建小宗祠,颜其堂曰"余庆"。辛丑夏月修辑宗谱。将告竣,由是董事者复令绘阳宅图一幅,以表前光。既成,命刷印之。时族长偕俱文学同在,内庭出示此图,展玩太息。因命余记之。噫,祖之于子孙有功如此,如之何而使子孙能忘之也?

大清道光二十有一年岁次辛丑夏月之吉

邑庠生后裔绎行梦麒敬识拜撰

《瀫溪吴氏宗谱·圣山村居记》

予族居圣山麓,双龙环抱,列嶂如屏,泉土甘肥,丛深木茂,隐然有宅幽势阻之意焉。自先太祖介福公览其形胜,卜居于此,盖已数十世矣,迩来传世既久,子姓益繁,家业而安,致足乐也,且其间四时之风景不同,足动人以流连俯仰者,美哉形胜之大观,诚山之名而圣者也。讵曰:偏隅僻壤,可不志其形胜哉。崇不敏,谬托诵读之名,于形于文,初无一可,其抱愧于祖宗多矣,然以里党之生长聚族于斯,往来出入,睹此佳景,情不自已,爰附俚言八首,聊以志山形景胜之便概云耳。

皇清乾隆五十有二年岁次丁未五月榖旦

圣山二十八世裔孙二崇敬题

参考文献

一、图书与论文

陈从周. 园林谈丛 [M]. 上海：上海人民出版社，2008.

陈志华. 楠溪江乡土建筑研究和保护 [M]. 昆明：云南人民出版社，2004.

陈志华撰文，李秋香主编. 庙宇 [M]. 北京：生活·读书·新知三联书店，2006.

陈志华撰文，李秋香主编. 宗祠 [M]. 北京：生活·读书·新知三联书店，2006.

丁俊清，杨新平. 浙江民居 [M]. 北京：中国建筑工业出版社，2009.

汉宝德. 风水与环境 [M]. 天津：天津古籍出版社，2003.

李秋香，陈志华. 新叶村 [M]. 北京：清华大学出版社，2011.

李秋香，陈志华. 中国乡土建筑初探 [M]. 北京：清华大学出版社，2012.

李秋香，陈志华. 诸葛村 [M]. 北京：清华大学出版社，2010.

李秋香等. 浙江民居 [M]. 北京：清华大学出版社，2010.

潘谷西编著. 江南理景艺术 [M]. 北京：中国建筑工业出版社，1992.

彭一刚著. 传统村镇聚落景观分析 [M]. 北京：中国建筑工业出版社，1992.

邵建东. 浙中地区传统宗祠研究 [M]. 杭州：浙江大学出版社，2011.

王其亨等. 风水理论研究 [M]. 天津：天津大学出版社，1992.

王澍. 造房子 [M]. 长沙：湖南美术出版社，2016.

王澍著. 设计的开始 [M]. 北京：中国建筑工业出版社，2002.

吴欣主编. 山水之境 中国文化中的风景园林 [M]. 北京：生活·读书·新知三联书店，2015.

俞剑华编著. 中国古代画论类编 [M]. 北京：人民美术出版社，2004.

中国建筑设计研究院建筑历史研究所. 浙江民居 [M]. 北京：中国建筑工业出版社，2007.

钟世杰主编，刘鑫著. 文化芝堰 [M]. 北京：团结出版社，2014.

C. 亚历山大. 建筑的永恒之道 [M]. 赵冰，译，冯纪中审校. 北京：知识产权出版社，2002.

阿摩斯·拉普卜特.建成环境的意义：非言语表达方法[M].黄兰谷,等译.北京：中国建筑工业出版社,2003.

阿摩斯·拉普卜特.文化特性与建筑设计[M].常青,张昕,张鹏,译.北京：中国建筑工业出版社,2004.

阿摩斯·拉普卜特.宅形与文化[M].常青,徐菁,李颖春,张昕,译.北京：中国建筑工业出版社,2007.

凯文·林奇.城市意向[M].方益萍,何晓军,译.北京：华夏出版社,2001.

诺伯舒兹著.场所精神：迈向建筑现象学[M].施植明,译.武汉：华中科技大学出版社,2013.

巫鸿.时空中的美术：巫鸿中国美术史 文编二集[M].梅枚,肖铁,施杰,译.北京：生活·读书·新知 三联书店,2009.

巫著.黄泉下的美术 宏观中国古代墓葬[M].施杰,译.北京：生活·读书·新知 三联书店,2010.

巫鸿.礼仪中的美术：巫鸿中国古代美术史文编[M].郑岩,等译.北京：生活·读书·新知 三联书店,2005.

吴社卿编著.社峰古村探源[M].兰溪：兰溪邮政商函广告部,2013.

刘鑫.清清流淌甘溪水[M].兰溪：兰溪邮政商函广告部,2012.

刘鑫.白露山揽胜[M].兰溪：兰溪市流星雨文化艺术策划工作室,2013.

刘鑫.走笔四十六村[M].兰溪：兰溪市流星雨文化艺术策划工作室,2013.

刘鑫.兰溪唐氏文化[M].兰溪：兰溪市流星雨文化艺术策划工作室,2013.

程极悦.徽商和水口园林：徽州古典园林初探[J].建筑学报,1987（10）.

殷永达.论徽州传统村落水口模式及文化内涵[J].东南文化,1991（2）.

程建军.中国传统建筑风水水口理论与实践[A].中国建筑史论汇刊,2008.

方拥.论风水中的理性成分[A].建筑历史与理论研究文集（1927–1997）.

郑孝燮.方位与礼制对中国传统建筑与环境所起的作用[A].建筑历史与理论（第五辑）[C].1993.

[明] 文震亨. 长物志 [M]. 杭州：浙江人民美术出版社，2016.

[清] 李渔. 闲情偶记 [M]. 杭州：浙江古籍出版社，2011.

二、方志与族谱

方志

[清]（光绪）兰溪县志 [M]

[清]（光绪）分水县志 [M]

[清]（光绪）淳安县志 [M]

[清]（同治）江山县志 [M]

民国 寿昌县志 [M]

金华市地方志编纂委员会编. 金华市志 [M]. 杭州：浙江人民出版社，1992.

《兰溪市志》编纂委员会编. 兰溪市志 [M]. 杭州：浙江人民出版社，1988.

兰溪市《姚村村志》编纂领导小组编. 姚村村志 [M]. 兰溪：编者，1997.

兰溪县县志编纂办公室，兰溪县文化馆编. 兰溪风俗志 [M]. 兰溪：编者，1984.

金湖倪家村志编委会编. 金湖倪家村志 [M]. 兰溪：编者，1996.

族谱

唐文卿编修. 东鲁唐氏族谱. 民国二十五年（1936 年）木活字本.

万松源唐氏宗谱. 民国十二年（1923 年）木活字本.

社峰吴氏族谱. 清（宣统）木活字本.

兰江牛社陈氏宗谱. 1949 年木活字本.

叶焕春编修. 杨塘东阪叶氏宗谱. 清道光二十一年（1841 年）木活字本.

童树松编修. 雁门童氏宗谱. 民国五年（1916 年）木活字本.

舒东平编修. 平阳五湖舒洪二宗家谱. 2002 年排印本.

潘元芳编修. 荥阳潘氏宗谱. 清康熙二十八年（1689 年）木活字本.

潘文良、潘木森等理事. 白露清潘氏宗谱. 2010 年排印本.

周子信编修. 坦源周氏宗谱. 清光绪三十三年（1907 年）年木活字本.

黄绍庭编修. 龙岩黄氏宗谱. 民国十一年（1922 年）木活字本.

龚麟趾编修. 赤溪龚氏宗谱. 清光绪三十四年（1908 年）木活字本.

参考文献

高隆诸葛氏宗谱. 民国三十六年（1947年）木活字本.

陇西郡董氏宗谱. 民国刻本.

孙招根编修. 乐安孙氏宗谱. 民国三十三年（1944年）木活字本.

汪德有编修. 珠山汪氏族谱. 民国十二年（1923年）木活字本.

吴兆荣编修. 瀫溪吴氏宗谱. 民国三十七年（1948年）木活字本.

方樟喜编修. 瀫溪杨塘方氏宗谱. 民国十六年（1927年）木活字本.

江玉和编修. 济阳江氏宗谱. 民国八年（1919年）木活字本.

横塘姜氏宗谱. 2008年排印本.

瀫溪龙溪邱氏石鼓厅家谱修纂小组. 瀫溪龙溪邱氏宗谱. 1998年胶印本.

徐志明编修. 乌岗徐氏宗谱. 1998年排印本.

徐国光编修. 中山东海徐氏宗谱. 民国二十九年（1940年）木活字本.

张铭编修. 蓝泉井头张氏宗谱. 清光绪十九年（1893年）木活字本.

赤松余氏宗谱. 木活字本.

黄培清编修. 会稽陈村黄氏宗谱. 清同治十一年（1872年）木活字本.

尹乐鹭等主修. 井田尹氏六修族谱. 民国35年（1946年）木活字本.

莲湖祖氏族谱. 清光绪二十五年（1899年）木活字本.

韩观沄编修. 淄川韩氏世谱. 民国七年（1918年）刻本.

义乌凤林王氏宗谱编纂委员会编. 义乌凤林王氏宗谱. 2012年排印本.

廖氏六修族谱. 木活字本.

康氏七修宗谱. 木活字本.

后 记

对浙中地区以兰江流域为核心的传统村落水口文化景观进行研究，始于我多年前的博士论文写作。起初，这项研究的范围是以浙中地区为主，包含金华在内的八个县市和与之交界的一些传统名村。但由于范围较大，难以形成面面俱到的调研。为了使研究更加深入，最后的范围界定在兰江流域内的传统村落。仅仅在这一带，想要对现存的水口进行调查统计，也是极困难的，基本靠一个个的村落走访来进行。十年来，我几乎走遍了兰江两岸的所有传统村落，也见证了这一带乡村水口风貌的快速变革。在我看来，水口一词虽然很小，却蕴含了宏大的哲理。时至今日，水口仍是我持续关注和研究的对象。

目前，在兰江流域保存较为完整的村落水口还有许多，最具典型的要推岘坦、西坞等传统名村。但更多的，还是那些面临快速发展与改造更新的村落水口，其数量也更为庞大。不少村落的水口只剩独立的古樟，还有一些村庙所在的环境，失去了当初择址的景观系统，也有新修复的。但它们依然保留了水口作为中国本土民间建筑文化场所的某些历史记忆和空间体验。从那些蹲坐村口的路亭和庙宇中，我们仍能感受传统中国的礼仪秩序和伦理道德，更能感受他们已是民间乡土建筑文化的最后坚守。

和水口相关的文献资料搜集与整理，大多借助家谱资料中的零星描述或村里老者的访谈。所以，但凡家谱里出现和水口相关的文字、舆图，都会认真记录。书中附录一和附录二的内容，都是为数不多的和水口相关的文字资料。前者的内容，大多和水口直接相关。后者虽然没有直接出现水口一词，也都间接描绘了各村的水口风貌和环境特征，它们都是和研究相关的珍贵一手资料。当下，我们常常从"因地制宜"等角度来谈建筑空间的营造，但面对实际场景，往往又难以操作。通过传统村落中的水口文化景观测绘，我们可以直观借鉴其中的创作经验，探索那些极质朴的乡土文化空间的当代表达。

第六章的水口实例，选取了这一带较有代表性和保存相对完整的水口进行了测绘制图，是近年来由我和邵文副教授在暑期带领浙江工业大学环境设计专业二年级本科生完成的。研究区域涵盖的村落范围是极广泛的，带领学生考察和实测的水口实例，仅包含那些在营造理念和造景手法等方面极具文化和艺术价值，以及地域代表的高水平水口景观。而在整个研究区域，这样理景造诣极高的水口景观还有很多。对更广泛的村落水口景观进行图像、影像和测绘等多层面的记录，为民间乡土景观建筑的"设计史"保留一手资料，在我看来，仍是需要继续深入研究的问题。它们不仅是中国本土民间理景艺术的保护，也是基于传统文化研究，进行当下创作的经验。

参加水口测绘与制图的学生名单如下：三石田村翠华庵：王婉容、杨恺宇；西坞村徐公庙：于定壹；下田村龙王庙：李飒、崔乔羽、汪浙；石泉村宣灵庙：胡春蕾、严丹颖、成挺汉；穆坞村碧莲庵：姚怡宁、黄婷、张怡晨、叶萌、陈松、单一梁；万田村灵应殿平面图：陈添添；五白源村五白庙剖立面图：万吉芳、郑艳宇、刘立业；外罗村席氏宗祠和青龙庙：刘嘉贝、王瑾、潘榆洁、叶佳琪、张芷莱、王乐萱；镇头村乌龙王庙：赵倩雅、林觅、鲍书阳、姜永进、徐子璇、吴思佳；于街村水口殿：潘欣彤；于街村千八殿：郭越悦、麻佳乐、蔡睿杰；下金刘村白山殿平面、立面图：刘家佳、李许诺；双溪口村胡公青龙面：黄柯钦、李梦娅、唐滔。童源里村经堂殿和其余图纸由房梦霖完成。

和这个主题相关的研究仍在继续，这种始于传统的理景艺术观念和手法，有着深厚的文化意涵和长期的乡土实践可供我们汲取，以此观念为核心的水口环境营造也为当下中国本土景观建筑的研究和创作提供了借鉴的范本。本书的出版得到浙江省社科规划课题和浙江工业大学人文社科后期资助课题的资助。笔者希望通过这样的研究，不仅能对现有的本土民间景观建筑形成保护，也能从中获得启示，探讨传统与现代的继承与发展关系，来实现中国当代本土设计学的复兴。

2023 年 6 月 于浙江工业大学屏峰校区